GUIDE DE LA COUPE DU MONDE 2022

ES JOUEURS

ES ÉQUIPES

ES STADES

Gründ

Gründ

92 avenue de France 75013 Paris – www.lisez.com

Textes : Mickaël Grall
Maquette couverture : Studio Twist
Maquette intérieure : Romain Poiré

ISBN : 978-2-3240-3184-7
Dépôt légal : octobre 2022
Imprimé en Belgique par Graphius
Achevé d'imprimer : septembre 2022

Sommaire

Bienvenue au QATAR

Le Qatar est le pays hôte de la 22e Coupe du monde de l'histoire, qui se déroulera du 21 novembre au 18 décembre 2022.

Après la Russie en 2018, c'est de nouveau un pays organisateur inédit qui a été désigné par la FIFA pour accueillir le plus grand évènement sportif de la planète.

Si le plus grand pays du monde avait vu le triomphe de la France en 2018, c'est l'un des plus petits États du continent asiatique et du monde, le Qatar, plus petit même que notre région Île-de-France, qui a en effet été choisi à la surprise générale en 2010.

Conséquence directe de ce choix, cette 22e édition débutera exceptionnellement en novembre, au cœur de la saison de football 2022/2023, et non en juin comme pour les autres éditions, afin de permettre la tenue des matchs dans des conditions météorologiques convenables pour les joueurs. Hors de question de jouer au football par 40 °C en juillet au Qatar, niché au cœur d'un désert aride !

De nombreux stades ont été construits ou rénovés entièrement pour l'occasion. Aucun n'est distant de plus de 50 kilomètres d'un autre, ce qui permettra aux équipes de ne pas faire de longs déplacements comme en Russie en 2018. Tous sont de véritables merveilles architecturales et feront la fierté du pays bien après la Coupe du monde, comme le Lusail Iconic Stadium, le plus grand de tous (80 000 places), hôte de la grande finale, de la finale pour la 3e place et d'une demi-finale.

La mascotte officielle, La'eeb (qui signifie « joueur super doué » en arabe), une souriante coiffe traditionnelle qatarie, est prête à accueillir les 32 équipes qualifiées au terme de longues campagnes éliminatoires jouées sur les 5 continents. Tous les champions du monde du passé, à l'exception notable de l'Italie, championne d'Europe en titre, seront présents au Qatar. D'autres équipes de valeur n'ont pas pu se qualifier, comme l'Algérie de Riyad Mahrez, la Norvège de Erling Haaland, la Russie, la Suède ou la Colombie, mais le plateau proposé reste compétitif, à l'image du groupe de la mort, le groupe E, avec l'Espagne, l'Allemagne, le Japon et le Costa Rica.

Le tirage au sort des 8 groupes est toujours un évènement attendu avec impatience par les supporters, les sélectionneurs et les joueurs des 32 équipes : dès le 21 novembre, 3 matchs lanceront la compétition sur un rythme effréné. Le match d'ouverture sera un alléchant Pays-Bas – Sénégal, un beau duel entre des *Oranje* revanchards et le champion d'Afrique en titre. Les 48 matchs de poules permettront à 16 équipes d'accéder au tableau final et à l'excitation des matchs à élimination directe, ces matchs qui font la légende de la Coupe du monde !

L'apothéose de la finale, le 18 décembre, conclura cette 22e édition de la Coupe du monde.

La France, tenante du titre, sera bien sûr présente pour défendre sa couronne et tenter de devenir le deuxième pays à conserver son titre, après le Brésil de l'immense Pelé en 1958 et 1962.

Mais attention, la concurrence s'annonce redoutable. Les équipes européennes seront comme d'habitude des adversaires coriaces, avec l'Allemagne, l'Espagne ou le Portugal de Cristiano Ronaldo (pour sa 5e participation !), sans oublier les deux frères ennemis sud-américains, l'Argentine et le Brésil, qui comptent sept titres mondiaux à eux deux !

Attention aux équipes africaines et asiatiques qui tenteront leur chance à fond pour jouer les trouble-fêtes, et, pourquoi pas, hisser l'un de leurs représentants au sommet de la hiérarchie de la planète football !

En route pour le Qatar, ses stades, à la découverte des 32 équipes et des joueurs stars de cette 22e Coupe du monde de football !

Les stades du Mondial

Qui dit nouveau pays hôte, dit nouveaux stades ! Ce sont dans huit enceintes ultra-modernes, objet de nombreuses critiques pour leur coût social et environnemental (tous les stades seront équipés de climatiseurs géants) qu'auront lieu les 64 matchs de cette Coupe du monde qatarie. Prends un billet, et viens t'asseoir virtuellement dans chacun d'entre eux.

Stadium 974
Doha

Ce stade de 40 000 places a été spécialement construit pour la Coupe du monde, et sera entièrement démonté après ! En effet, il est constitué à partir de conteneurs (974, d'où le nom de cette enceinte) et de sièges amovibles. Contrairement aux autres stades, le Stadium 974 bénéficie d'une aération naturelle, grâce à la mer toute proche. L'équipe de France y disputera son deuxième match de poule, face au Danemark.

LES MATCHS AU STADIUM 974

22 NOVEMBRE À 17H00 : MEXIQUE - POLOGNE

24 NOVEMBRE À 17H00 : PORTUGAL - GHANA

26 NOVEMBRE À17H00 : FRANCE - DANEMARK

28 NOVEMBRE À 17H00 : BRÉSIL - SUISSE

30 NOVEMBRE À 20H00 : POLOGNE - ARGENTINE

2 DÉCEMBRE À 20H00 : SERBIE - SUISSE

5 DÉCEMBRE À 20H00 : HUITIÈME DE FINALE 1ER GROUPE G - 2E GROUPE H

Stade Al Thumama
Doha

Huit rencontres, dont le match d'ouverture entre les Pays-Bas et le Sénégal, auront lieu dans ce magnifique écrin inspiré du keffieh, la coiffe traditionnelle arabe. 40 000 spectateurs pourront prendre place dans ce stade dont la capacité sera réduite après la Coupe du monde à 20 000 spectateurs seulement, pour laisser place à… une clinique et un hôtel de luxe. Les Bleus pourraient évoluer dans ce stade s'ils finissent premiers de leur groupe.

LES MATCHS AU STADE AL THUMAMA

21 NOVEMBRE À 11H00 : PAYS-BAS - SÉNÉGAL

23 NOVEMBRE À 17H00 : ESPAGNE - COSTA RICA

25 NOVEMBRE À 14H00 : QATAR - SÉNÉGAL

27 NOVEMBRE À 14H00 : BELGIQUE - MAROC

29 NOVEMBRE À 20H00 : IRAN - ÉTATS-UNIS

1ER DÉCEMBRE À 16H00 : CANADA - MAROC

4 DÉCEMBRE À 16H00 : HUITIÈME DE FINALE 1ER GROUPE D - 2E GROUPE C

10 DÉCEMBRE À 16H00 : QUART DE FINALE

Stade Khalifa International
Doha

Le plus ancien stade de cette Coupe du monde (il fut érigé en 1976) n'en est pas le moins moderne car il fut rénové en 2017. Ce stade historique du Qatar a déjà accueilli de nombreuses compétitions asiatiques, ainsi que les matchs de la Coupe du monde des clubs en 2019. Le match pour la 3e place, cette petite finale où les demi-finalistes vaincus se retrouvent pour une ultime confrontation, se jouera dans ce stade de plus de 45 000 places.

LES MATCHS AU STADE KHALIFA INTERNATIONAL

21 NOVEMBRE À 14H00 : ANGLETERRE - IRAN

23 NOVEMBRE À 14H00 : ALLEMAGNE - JAPON

25 NOVEMBRE À 17H00 : PAYS-BAS - ÉQUATEUR

27 NOVEMBRE À 17H00 : CROATIE - CANADA

29 NOVEMBRE À 16H00 : ÉQUATEUR - SÉNÉGAL

1ER DÉCEMBRE À 20H00 : JAPON - ESPAGNE

3 DÉCEMBRE À 16H00 : HUITIÈME DE FINALE 1ER GROUPE A - 2E GROUPE B

17 DÉCEMBRE À 16H00 : MATCH POUR LA 3E PLACE

Stade la Cité de l'Éducation
Al Rayyan

À l'ouest de Doha, deux stades sont situés à Al Rayyan, dont celui de la Cité de l'Éducation, située au cœur d'un grand parc et de plusieurs universités. Après avoir accueilli 8 matchs de la compétition, dont le décisif Tunisie - France, le stade sera en partie démantelé pour équiper des projets de construction dans des pays en voie de développement, et sa capacité sera réduite à 20 000 places.

LES MATCHS AU STADE LA CITÉ DE L'ÉDUCATION

22 NOVEMBRE À 14H00 : DANEMARK - TUNISIE

24 NOVEMBRE À 14H00 : URUGUAY - CORÉE DU SUD

26 NOVEMBRE À 14H00 : POLOGNE - ARABIE SAOUDITE

28 NOVEMBRE À 14H00 : CORÉE DU SUD - GHANA

30 NOVEMBRE À 16H00 : TUNISIE - FRANCE

2 DÉCEMBRE À 16H00 : CORÉE DU SUD - PORTUGAL

6 DÉCEMBRE À 16H00 : HUITIÈME DE FINALE 1ER GROUPE F - 2E GROUPE E

9 DÉCEMBRE À 16H00 : QUART DE FINALE

Stade Ahmad bin Ali
Al Rayyan

Situé aux portes du désert, ce stade construit en 2003, détruit en 2015, a été entièrement reconstruit spécialement pour la Coupe du monde. Plus de 44 000 spectateurs pourront assister à 5 matchs de poule et à un huitième de finale, qui pourrait être avec la France si elle termine 2e du groupe D.

LES MATCHS AU STADE AHMAD BIN ALI

21 NOVEMBRE À 20H00 : ÉTATS-UNIS - PAYS DE GALLES

23 NOVEMBRE À 20H00 : BELGIQUE - CANADA

25 NOVEMBRE À 11H00 : PAYS DE GALLES - IRAN

27 NOVEMBRE À 11H00 : JAPON - COSTA RICA

29 NOVEMBRE À 20H00 : PAYS DE GALLES - ANGLETERRE

1ER DÉCEMBRE À 16H00 : CROATIE - BELGIQUE

3 DÉCEMBRE À 20H00 : HUITIÈME DE FINALE 1ER GROUPE C - 2E GROUPE D

Stade Al Janoub
Al Wakrah

Ce magnifique stade de 40 000 places aux formes gracieuses est situé au sud de la capitale Doha. Son architecture s'inspire de la beauté des perles collectées traditionnellement dans les villages bordant le golfe Persique à proximité. Inauguré en 2019, le stade Al Janoub accueillera le premier match de l'équipe de France, contre l'Australie, et 6 autres rencontres de ce mondial qatari.

LES MATCHS AU STADE AL-JANOUB

22 NOVEMBRE À 20H00 : FRANCE - AUSTRALIE

24 NOVEMBRE À 11H00 : SUISSE - CAMEROUN

26 NOVEMBRE À 11H00 : TUNISIE - AUSTRALIE

28 NOVEMBRE À 11H00 : CAMEROUN - SERBIE

30 NOVEMBRE À 16H00 : AUSTRALIE - DANEMARK

2 DÉCEMBRE À 16H00 : GHANA - URUGUAY

5 DÉCEMBRE À 16H00 : HUITIÈME DE FINALE 1ER GROUPE E - 2E GROUPE F

Stade Al Bayt
Al Khor

C'est probablement le plus beau stade de la compétition. Les formes ondulées de cette belle construction évoquent les traditionnelles tentes utilisées par les peuples nomades originaires du Qatar et de la péninsule arabique. La structure supérieure du stade, après avoir accueilli 8 matchs, sera démontée et ensuite donnée dans le cadre de projets de coopération sportive internationale.

LES MATCHS AU STADE AL-BAYT

21 NOVEMBRE À 17H00 : QATAR - ÉQUATEUR

23 NOVEMBRE À 11H00 : MAROC - CROATIE

25 NOVEMBRE À 20H00 : ANGLETERRE - ÉTATS-UNIS

27 NOVEMBRE À 20H00 : ESPAGNE - ALLEMAGNE

29 NOVEMBRE À 16H00 : PAYS-BAS - QATAR

1ER DÉCEMBRE À 20H00 : COSTA RICA - ALLEMAGNE

4 DÉCEMBRE À 20H00 : HUITIÈME DE FINALE 1ER GROUPE B - 2E GROUPE A

10 DÉCEMBRE À 20H00 : QUART DE FINALE

14 DÉCEMBRE À 20H00 : DEMI-FINALE

Stade de Lusail
Doha

Installé au cœur d'une nouvelle agglomération ultra-moderne, le stade de Lusail est le plus grand stade de cette Coupe du monde, avec 80 000 places. Quatre matchs éliminatoires, dont une demi-finale et la grande finale du 18 décembre auront lieu dans ce stade appelé à entrer dans l'histoire de la Coupe du monde.

Très originaux, ses atours rappellent les motifs décoratifs que l'on trouve habituellement dans la région du golfe sur… les bols.

LES MATCHS AU STADE DE LUSAIL

22 NOVEMBRE À 11H00 : ARGENTINE - ARABIE SAOUDITE

24 NOVEMBRE À 20H00 : BRÉSIL - SERBIE

26 NOVEMBRE À 20H00 : ARGENTINE - MEXIQUE

28 NOVEMBRE À 20H00 : PORTUGAL - URUGUAY

30 NOVEMBRE À 20H00 : ARABIE SAOUDITE - MEXIQUE

2 DÉCEMBRE À 20H00 : CAMEROUN - BRÉSIL

6 DÉCEMBRE À 20H00 : HUITIÈME DE FINALE 1ER GROUPE H - 2E GROUPE G

9 DÉCEMBRE À 20H00 : QUART DE FINALE

13 DÉCEMBRE À 20H00 : DEMI-FINALE

18 DÉCEMBRE À 16H00 : FINALE

Les qualifications

LA FOLIE DES ÉLIMINATOIRES DE LA COUPE DU MONDE EN CHIFFRES :

211 ÉQUIPES INSCRITES
32 ÉQUIPES QUALIFIÉES
865 MATCHS JOUÉS
2 426 BUTS MARQUÉS

211 équipes ! Oui, pour cette 22e édition de la Coupe du monde de football, ce sont 211 nations qui se sont disputé avec acharnement les 32 places disponibles pour participer à la phase finale de la plus prestigieuse des compétitions sportives !

Comme le veut la tradition, le premier qualifié a été, dès l'annonce en 2010 de l'attribution au pays organisateur, le Qatar. Une Coupe du monde pas comme les autres, qui a lieu pour la première fois en hiver, afin que les joueurs n'aient pas à subir les chaleurs extrêmes de l'été qatari.

Le dernier qualifié, le Costa Rica, a quant à lui attendu l'ultime match de barrage Océanie - Amérique du Sud avant de valider son ticket en juin 2022, complétant enfin le tableau du tirage au sort effectué le 1er avril à Doha, la capitale du Qatar.

Dans chacune des 6 confédérations de la FIFA, voici les heureux élus appelés à se retrouver à partir du 21 novembre 2022 sous le soleil du Qatar.

CAF : Afrique

54 ÉQUIPES INSCRITES

5 QUALIFIÉES POUR LA COUPE DU MONDE

Ce sont 5 barrages brûlants, disputés en mars 2022, qui ont décidé du sort des 5 heureux élus qui défendront les couleurs de l'Afrique au Qatar : les qualifiés - le Maroc, le Cameroun, le Ghana, le Sénégal et la Tunisie – ont tous une belle expérience en Coupe du monde. Le Sénégal, champion d'Afrique en titre et ancien quart-de-finaliste de l'épreuve, peut se sortir d'un groupe A ouvert. La Tunisie (dans le groupe de la France), le Cameroun (avec le Brésil) et le Maroc (avec la Belgique) auront fort à faire. Quant au Ghana, il retrouvera l'Uruguay, l'équipe qui l'avait éliminé en quart de finale de la Coupe du monde 2010 dans des conditions litigieuses. L'heure de la revanche va-t-elle sonner ?

CONCACAF : Amérique du Nord, centrale et les Caraïbes

35 ÉQUIPES INSCRITES

4 QUALIFIÉES POUR LA COUPE DU MONDE

La nouvelle formule resserrée des qualifications a profité au Canada, qui va participer, 36 ans après la Coupe du monde au Mexique, à la deuxième phase finale de son histoire. Les États-Unis font aussi leur retour après avoir manqué le mondial russe, et le Mexique, un habitué des phases finales (17 participations), essaiera d'atteindre, comme en 1970 et 1986, le stade des quarts de finale. Enfin, le Costa Rica a arraché la qualification en battant la Nouvelle-Zélande en match de barrages et participera à sa troisième Coupe du monde consécutive !

CONMEBOL : Amérique du Sud

10 ÉQUIPES INSCRITES

4 QUALIFIÉES POUR LA COUPE DU MONDE

C'est cette confédération qui envoie proportionnellement le plus d'équipes par rapport au nombre d'inscrits : chaque équipe a quasiment une chance sur deux de participer à la Coupe du monde tous les 4 ans (4 qualifiées pour 10 inscrites). Pour cette édition qatarie, le Brésil, l'Argentine, l'Uruguay – les 3 champions du monde du continent) – et l'Équateur représenteront l'Amérique du Sud.

UEFA : Europe

55 ÉQUIPES INSCRITES

13 QUALIFIÉES POUR LA COUPE DU MONDE

Les 10 premiers de chaque groupe de qualification ont obtenu directement leur billet pour le mondial qatari. On trouve parmi eux des habitués de la compétition, dont le tenant du titre français et les anciens champions du monde anglais, espagnols ou allemands. La Croatie et la Belgique, respectivement finaliste et demi-finaliste malheureuses en 2018, ont aussi fini en tête de leur groupe de qualification et validé leur ticket.

Au terme de barrages particulièrement disputés, le Portugal, la Pologne et le pays de Galles se sont eux aussi qualifiés, aux dépens notamment du champion d'Europe en titre, l'Italie.

La Russie a quant à elle été disqualifiée après l'invasion de l'Ukraine en février 2022.

AFC : Asie

46 ÉQUIPES INSCRITES

6 QUALIFIÉES POUR LA COUPE DU MONDE, EN PLUS DU QATAR

Débutée le 6 juin 2019, la campagne de qualification de la confédération asiatique s'est achevée le 13 juin 2022 (!) avec un match décisif entre l'Australie et le Pérou, disputé à Doha.

Plus tôt dans la saison, l'Iran, la Corée du Sud, l'Arabie saoudite et le Japon avaient validé leur ticket. Toutes ces équipes ont déjà participé à la Coupe du monde, la Corée du Sud atteignant même le dernier carré en 2002. En 2018, seul le Japon avait passé la phase de groupes, échouant ensuite dès les huitièmes de finale après un match à rebondissements contre la Belgique (2-3), futur demi-finaliste.

OFC : Océanie

9 ÉQUIPES INSCRITES

0 QUALIFIÉE POUR LA COUPE DU MONDE

La Nouvelle-Zélande, barragiste malheureuse contre le Costa Rica, ne participera pas à sa 3e Coupe du monde.

L'Océanie n'a pas envoyé de représentant depuis 2006, il s'agissait déjà de la Nouvelle-Zélande. Si l'Australie fait géographiquement partie de l'Océanie, elle participe depuis 2006 aux éliminatoires de la zone Asie.

Les grands absents de la Coupe du monde

Si les 32 équipes qualifiées et leurs supporters sont ravis de participer à la grande fête du football mondial, de nombreuses autres ont échoué à se qualifier et doivent rester à la maison, et regarder la compétition à la télévision, sur leur canapé !

De nouveau, de belles équipes ne seront pas de la partie et de grands joueurs vont manquer à l'appel. État des lieux des grands absents de la Coupe du monde.

***M**amma mia !*

Une fois encore, l'Italie a échoué au stade des éliminatoires, après une défaite surprise en barrages contre la Macédoine du Nord. Un échec d'autant plus surprenant que les Transalpins, après avoir déjà manqué le Mondial russe en 2018, semblaient sur la voie du renouveau après leur triomphe à l'Euro en 2021. La sélection menée par **Roberto Mancini** n'est pourtant pas dénuée de joueurs de qualité. Malheureusement, les fans ne pourront pas voir le gardien du PSG **Gianluigi Donnarumma**, élu meilleur joueur de l'Euro, dans ses œuvres, ni la redoutable paire de défenseurs constituée de **Leonardo Bonucci** et **Giorgio Chiellini**, ni les milieux de terrain **Marco Verratti** ou **Jorginho**, deux artisans du renouveau italien depuis 2020/2021, ni les attaquants **Lorenzo Insigne** ou **Ciro Immobile**, performants en club mais plus en difficulté au niveau international. De nouveau, il faut reconstruire la *Nazionale*, pour revenir enfin au meilleur niveau mondial en 2026. L'Italie, 4 fois championne du monde, le mérite.

Les éliminatoires en Amérique du Sud ont laissé deux habitués de la Coupe du monde sur le carreau. La Colombie, quart-de-finaliste en 2014, huitième de finaliste de l'édition 2018, seulement éliminée aux tirs au but par l'Angleterre, sera en effet absente. Dur de se passer de **Radamel Falcao** ou de **James Rodríguez**. À la nouvelle génération de *Cafeteros*, emmenée par le joueur de Liverpool **Luis Díaz**, de prendre le relais.

La belle époque du Chili (double champion d'Amérique du Sud en 2015 et 2016) semble aussi définitivement révolue. Le vieillissant **Arturo Vidal** (34 ans) n'a plus l'impact des années 2010, et ce pays va manquer pour la 2e fois consécutive une compétition dans laquelle elle avait déjà atteint la 3e place… en 1962.

En Afrique, les 5 confrontations des barrages, sur deux matchs allers et retours, ont été exceptionnels d'intensité, à l'image des matchs entre le Cameroun et l'Algérie, ou la revanche de la finale de la Coupe d'Afrique entre le Sénégal et l'Égypte. L'Algérie, vainqueur de la Coupe d'Afrique des nations en 2019, a de nouveau échoué à se qualifier en Coupe du monde malgré le talent d'une belle génération, à l'image du formidable attaquant de Manchester City **Riyad Mahrez**. L'Égypte, équipe la plus titrée d'Afrique, qualifiée en 2018 mais transparente en Russie (3 défaites), n'ira pas non plus au Mondial, à la grande déception de son emblématique attaquant de Liverpool, **Mohamed Salah**.

Quelques grands joueurs des meilleurs clubs européens ne verront pas la Coupe du monde. C'est le cas du prodige norvégien **Erling Haaland** dont la sélection ne s'est plus qualifiée pour une phase finale depuis 1998 ! Son coéquipier de sélection, le prometteur joueur d'Arsenal **Martin Ødegaard**, devra attendre le Mondial nord-américain de 2026. **Zlatan Ibrahimović**, de retour en sélection suédoise, n'a pas réussi à emmener les siens au Qatar, provoquant de fait sa retraite internationale. **David Alaba** (Autriche), l'excellent gardien de l'Atlético Madrid **Jan Oblak** (Slovénie), **Edin Džeko** ou **Miroslav Pjanić** (Bosnie) paient l'irrégularité de leurs équipes nationales respectives, malgré tout leur talent.

C'est aussi le cas des joueurs de sélections africaines, comme les buteurs **Sébastien Haller** (Côte d'Ivoire) ou **Pierre-Emerick Aubameyang** (Gabon).

Les choix des sélectionneurs sont parfois surprenants. On se souvient tous de l'absence remarquée de **Karim Benzema** en 2018 en Russie, même si le choix de **Didier Deschamps** n'a pas empêché les Bleus de ramener la Coupe à la maison ! Les sélectionneurs privilégient parfois des joueurs un peu moins talentueux que d'autres, mais capables d'être de meilleurs co-équipiers pendant un mois loin de chez eux.

Peut-être qu'**Adrien Rabiot** (France), **Álvaro Morata** (Espagne) ou **Mauro Icardi** (Argentine), tous absents en 2018, prendront leur revanche en faisant partie des 23 de leurs sélections respectives ? En France, est-ce qu'**Olivier Giroud** sera présent ? C'est l'un des points d'interrogation de la liste de « DD » (Didier Deschamps).

Coupe du monde
mode d'emploi

Initialement, cette Coupe du monde 2022 au Qatar devait se jouer avec 48 équipes, dans un nouveau grand format préparé par la FIFA. Le projet, finalement reporté (un pays voisin du Qatar aurait dû dans ce cas accueillir plusieurs matchs), ne verra le jour que pour la Coupe du monde 2026, organisée pour la première fois par 3 pays, le Mexique, les États-Unis et le Canada.

En attendant, les yeux des supporters des 32 équipes se sont rivés sur le Qatar le 1er avril 2022, pour le tirage au sort des groupes de la phase finale. Les anciens joueurs **Lothar Matthäus** (Allemagne), **Tim Cahill** (Australie), **Cafu** (Brésil) ou **Jay-Jay Okocha** (Nigeria) ont scellé le sort des 8 équipes têtes de série des 8 groupes.

Cette 1re phase de poule aura lieu du 22 novembre au 2 décembre. Dans chaque groupe, les 4 équipes s'affrontent une fois : la victoire vaut trois points, un match nul un point et une défaite, aucun. Seuls les deux premiers de chaque groupe sont qualifiés pour les huitièmes de finale, porte d'entrée de la phase des matchs à élimination directe. Le vainqueur passe le tour, éventuellement jusqu'à la finale, et le perdant… rentre à la maison ! En cas d'égalité, des prolongations de 30 minutes ou une séance de tirs au but départagent les équipes. Ce peut être le cas pour la finale, même si une situation comme celle-ci ne s'est pas présentée depuis 2006 lors du match entre l'Italie et la France.

Le point d'orgue du tournoi sera la finale du 18 décembre, disputée dans le Stade de Lusail à Doha. La veille, les perdants des demi-finales se seront affrontés pour la 3e place, en attendant le résultat d'une finale qui donnera le nom du successeur de la France, vainqueur en 2018 en Russie.

Note tous les résultats dans ton calendrier géant pour suivre au plus près la compétition !

GROUPE A

Groupe A

Traditionnellement, le pays hôte figure dans le groupe A. Pour cette Coupe du monde 2022, c'est donc le Qatar qui s'est invité comme tête de série pour sa première participation à la compétition reine du ballon rond. Beaucoup d'équipes souhaitaient ainsi figurer dans ce groupe : les heureux élus sont l'Équateur, le Sénégal et les Pays-Bas. Un groupe finalement très ouvert où les Néerlandais partiront favoris pour leur retour en Coupe du monde devant le champion d'Afrique sénégalais et une équipe sud-américaine, l'Équateur, jamais simple à jouer… À moins que le Qatar, devant son public, ne crée la surprise et ne se qualifie pour les huitièmes de finale. Dans l'histoire de la Coupe du monde, seul un pays organisateur a échoué à passer le premier tour, l'Afrique du Sud, en 2010. Le challenge du Qatar sera de ne pas les imiter !

Les matchs du groupe A

21 NOVEMBRE À 14H00 : SÉNÉGAL - PAYS-BAS
21 NOVEMBRE À 17H00 : QATAR - ÉQUATEUR
25 NOVEMBRE À 14H00 : QATAR - SÉNÉGAL
25 NOVEMBRE À 17H00 : PAYS-BAS - ÉQUATEUR
29 NOVEMBRE À 16H00 : PAYS-BAS - QATAR
29 NOVEMBRE À 16H00 : ÉQUATEUR - SÉNÉGAL

Classement final du groupe A :

1 ………………………………………………………

2 ………………………………………………………

3 ………………………………………………………

4 ………………………………………………………

GROUPE A

Qatar

2,8 millions d'habitants
Capitale : Doha
Confédération : Asie (AFC)
Classement FIFA : 51e
Couleurs : maillot, short et bas rouges
Qualification : qualifié d'office en tant que pays hôte
Nombre de participations à la Coupe du monde : 1
Palmarès en Coupe du monde : néant

Les matchs du Qatar au 1er tour

21 NOVEMBRE - 17H00
QATAR – ÉQUATEUR

25 NOVEMBRE - 14H00
QATAR – SÉNÉGAL

29 NOVEMBRE - 16H00
PAYS-BAS – QATAR

À suivre

ALMOEZ ALI

Le fer de lance de cette équipe est **Almoez Ali**. Cet attaquant né au Soudan a fini meilleur buteur de la Coupe d'Asie des nations, avec 9 buts. S'il demeure inconnu du grand public, les défenses asiatiques se souviennent de son sens du but, et les joueurs et supporters japonais ont encore en mémoire **son magnifique ciseau retourné inscrit en finale**.

Cette équipe du Qatar est probablement la plus grande inconnue de cette Coupe du monde 2022. Les *Al-Annabi* (les Bordeaux) figurent en effet à une modeste 51e place au classement FIFA, et bien peu de joueurs et d'entraîneurs sont capables de citer le nom de l'un des joueurs de cette équipe, ou même de son entraîneur. Ce dernier, l'espagnol **Félix Sánchez Bas**, a longtemps entraîné les U19 du FC Barcelone (de 1996 à 2006), où il a vu d'excellents joueurs quitter la Masia, le centre de formation des Catalans de la « grande » équipe du Barça. Il a entrepris depuis cette date un travail de longue haleine au Qatar, auprès de jeunes joueurs, puis au sein de la sélection nationale. Et les premiers résultats sont enfin tombés, notamment avec le premier sacre de champion d'Asie obtenu en 2019 après avoir battu les deux ogres sud-coréens et japonais en finale. Un peu plus tard dans l'année, invité à la Copa América, le Qatar avait réussi à arracher un point contre une équipe sud-américaine, le Paraguay (ensuite seulement éliminé aux pénaltys par le Brésil, futur vainqueur) avant deux défaites honorables contre la Colombie et l'Argentine.

Et si… et si le Qatar créait la surprise ? Si les Pays-Bas semblent un cran au-dessus dans ce groupe, le Sénégal et l'Équateur (tiens, une équipe sud-américaine !) pourraient très bien, dans l'effervescence d'une Coupe du monde jouée à domicile, souffrir face au champion d'Asie en titre.

Sénégal

GROUPE A

16,3 millions d'habitants
Capitale : Dakar
Confédération : Afrique (CAF)
Classement FIFA : 20
Couleurs : maillot, short et bas blancs ou verts
Qualification : barragiste victorieux de la zone Afrique, contre l'Égypte
Nombre de participations à la Coupe du monde : 3
Palmarès en Coupe du monde : quart-de-finaliste en 2002

Les matchs du Sénégal au 1er tour

21 NOVEMBRE - 14H00
SÉNÉGAL / PAYS-BAS

25 NOVEMBRE - 14H00
QATAR / SÉNÉGAL

29 NOVEMBRE - 16H00
ÉQUATEUR / SÉNÉGAL

L'Égypte se souviendra longtemps de ses confrontations face au Sénégal en 2022, battue en finale de la Coupe d'Afrique des nations en février aux tirs au but, et de nouveau éliminée de cette manière en barrage d'accession après un match retour explosif à Dakar.

L'équipe n° 1 d'Afrique a su tenir son rang et se qualifier pour sa 3e Coupe du monde, après 2002 et 2018. Quart-de-finaliste surprise pour sa 1re participation, le parcours de 2018 a été bien meilleur que l'élimination au 1er tour ne le laisse entendre. Avec une victoire contre la Pologne et un nul contre le Japon, les joueurs sénégalais ont fait honneur à leur maillot en Russie !

L'édition 2022 sera-t-elle celle de la confirmation et d'une arrivée fracassante dans le top 16 mondial, synonyme de belles performances face aux Pays-Bas, au Qatar et à l'Équateur ? Un objectif réalisable pour la sélection entraînée par **Aliou Cissé** depuis 2015. Cette ancienne connaissance du Championnat de France (il a notamment joué au PSG) continuera de s'appuyer sur l'attaquant vedette de Liverpool, le virevoltant **Sadio Mané**, mais aussi sur l'excellent gardien de Chelsea, **Édouard Mendy**, le solide défenseur de Naples et capitaine **Kalidou Koulibaly**, et du joueur le plus capé (plus de 90 sélections) de son effectif, le milieu parisien **Idrissa Gueye**.

Les *Lions de la Teranga* sont prêts à rugir et à sortir les griffes pour marquer cette 22e édition de la Coupe du monde !

Pays-Bas

17,2 millions d'habitants
Capitale : Amsterdam
Confédération : Europe (UEFA)
Classement FIFA : 10
Couleurs : maillot, short et bas orange
Qualification : 1er du groupe G
Nombre de participations à la Coupe du monde : 11
Palmarès en Coupe du monde : vice-champion du monde en 1974, 1978 et 2010

Les matchs des Pays-Bas au 1er tour

21 NOVEMBRE - 14H00
SÉNÉGAL – PAYS-BAS

25 NOVEMBRE - 20H00
PAYS-BAS – ÉQUATEUR

29 NOVEMBRE - 16H00
PAYS-BAS – QATAR

Enfin, les *Oranje*, les seuls, les vrais, sont de retour en Coupe du monde !

Leur absence lors du Mondial russe avait déçu tous les amoureux du ballon rond. 3e en 2014, triples finalistes de la compétition en 1974, 1978 et 2010 (avec 3 défaites à la clé, seule nation dans ce cas de figure), les Pays-Bas font partie de l'histoire de la Coupe du monde.

Après des éliminatoires globalement maîtrisées (une seule défaite face à la Turquie), c'est dans un groupe de phase finale largement à sa portée que les Pays-Bas vont pouvoir lancer leur Coupe du monde. Le sélectionneur **Louis van Gaal** a su refonder une équipe équilibrée, après le départ de cadres importants comme **Arjen Robben** et **Robin van Persie**.

C'est la 3e fois que le technicien néerlandais prend les rênes de la sélection. Expérimenté, il a déjà entraîné des clubs prestigieux, comme l'Ajax Amsterdam, le FC Barcelone ou Manchester United. Réputé austère et exigeant, il tentera à 70 ans passés de redorer le blason de son équipe nationale.

Son secret ? Une colonne vertébrale efficace, articulée autour du défenseur de Liverpool **Virgil van Dijk**, probablement le meilleur à son poste aujourd'hui, du milieu de terrain du FC Barcelone **Frenkie de Jong**, le métronome de l'équipe, et l'ancien joueur de l'Olympique Lyonnais, désormais coéquipier de de Jong au Barça, l'attaquant **Memphis Depay**, meilleur buteur actuel de la sélection. Sans oublier le joueur du PSG **Georginio Wijnaldum**, meilleur buteur de son équipe à l'Euro 2020 (3 buts).

Au dernier Euro justement, après un bon 1er tour, les Pays-Bas, réduits à 10 à l'heure de jeu, s'étaient fait surprendre (0-2) face à la République tchèque. Un accident de parcours à l'image de cette équipe assez imprévisible, capable du meilleur (5 belles victoires à domicile pendant les éliminatoires) comme du pire (une défaite cinglante en Turquie 2-4).

La grande question va être de savoir quel sera le comportement d'une équipe qui découvre l'environnement particulier d'une Coupe du monde. Pression supplémentaire, l'équipe néerlandaise disputera le match d'ouverture de la compétition contre le Sénégal dès le 21 novembre.

Le champion d'Afrique s'annonce comme le principal adversaire des *Oranje*, et cette première confrontation donnera de précieux indices quant aux ambitions de cette équipe, habituée à être soutenue par des dizaines de milliers de supporters enthousiastes.

Même si les Pays-Bas sont supérieurs à ces adversaires sur le papier, ce n'est pas spécialement une bonne nouvelle pour les *Oranje*, qui aiment se surpasser face à des adversaires prestigieux, mais plus quelconques face à des équipes moins réputées. L'Équateur et surtout le Qatar, les deux autres adversaires de ce groupe A, ont donc le bon profil pour gêner les Pays-Bas.

Les Pays-Bas partent tout de même favoris de ce groupe. Finir premiers leur permettrait probablement d'éviter l'Angleterre, tête de série du groupe B, demi-finaliste en 2018, finaliste de l'Euro 2020, et adversaire potentielle des huitièmes de finale.

Équateur

17,6 millions d'habitants
Capitale : Quito
Confédération : Amérique du Sud (CONMEBOL)
Classement FIFA : 46
Couleurs : maillot bleu, short jaune et bas bleus
Qualification : 4e du groupe Amérique du Sud
Nombre de participations à la Coupe du monde : 4
Palmarès en Coupe du monde : 1/8e de finaliste en 2006

Les matchs de l'Équateur au 1er tour

21 NOVEMBRE - 17H00
QATAR / ÉQUATEUR

25 NOVEMBRE - 20H00
PAYS-BAS / ÉQUATEUR

29 NOVEMBRE - 16H00
ÉQUATEUR / SÉNÉGAL

Cette équipe d'Équateur, c'est avant tout un groupe soudé, sans véritable star, capable pendant les éliminatoires de tenir tête à domicile à l'Argentine et au Brésil (deux nuls 1-1). Plus régulier que le Pérou, le Chili ou la Colombie, *la Tricolor* a ainsi gagné le droit de défendre ses couleurs en Coupe du monde pour la 4e fois de son histoire. Depuis 2002, c'est même l'une des équipes les plus régulières d'Amérique du Sud, avec 1 participation sur 2 à cette compétition. La France avait d'ailleurs croisé son chemin en 2014 en phase de poule, pour un 0-0 qui n'était pas resté dans les mémoires.

Le sélectionneur argentin **Gustavo Alfaro** arrivera-t-il à rééditer l'exploit de 2006, quand l'Équateur atteignait les huitièmes de finale contre l'Angleterre, seulement défait par un coup franc victorieux du génial David Beckham ?

Il pourra en tout cas s'appuyer sur la 2e attaque du continent sud-américain de ces éliminatoires, avec 10 buts marqués. L'attaquant **Michael Estrada** avec 6 buts, et l'expérimenté **Enner Valencia** (4 réalisations, un joueur passé par l'Angleterre, aujourd'hui en Turquie) tenteront de faire plier les rudes défenses du groupe A et de se qualifier de nouveau pour les huitièmes de finale. Jouable !

GROUPE B

Groupe B

Le groupe B sera particulièrement riche en confrontations et en symboles, dépassant parfois le cadre particulièrement sportif. Avec l'Angleterre en tête de série, les États-Unis, l'Iran et enfin le pays de Galles, qualifié *in extremis* après son barrage victorieux contre l'Ukraine le 5 juin dernier, ce groupe sera l'un des plus ouverts de la compétition.

L'Angleterre, forte des certitudes acquises lors de la Coupe du monde 2018 (demi-finaliste) et de l'Euro 2020 (finaliste), partira néanmoins favorite de ce groupe explosif ! Il faudra cependant qu'elle se méfie de son remuant voisin gallois, de nouveau invité sur la grande scène mondiale après 68 ans de disette, mais aussi de son grand ami américain qui ne lui réussit guère en compétition. Ces matchs entre équipes anglophones s'annoncent spectaculaires et serrés.

Enfin, l'Iran complète ce groupe assez homogène et jouera probablement, comme en 2018, crânement sa chance. Toutes les équipes auront la possibilité de se qualifier pour les huitièmes de finale et affronter ainsi les 2 premiers du groupe A.

Les matchs du groupe B

21 NOVEMBRE À 14H00 : ANGLETERRE - IRAN

21 NOVEMBRE À 20H00 :
ÉTATS-UNIS - PAYS DE GALLES

25 NOVEMBRE À 11H00 : PAYS DE GALLES - IRAN

25 NOVEMBRE À 20H00 :
ANGLETERRE - ÉTATS-UNIS

29 NOVEMBRE À 13H00 : IRAN - ÉTATS-UNIS

29 NOVEMBRE À 21H00 :
PAYS DE GALLES - ANGLETERRE

Classement final du groupe B :

1 ....

2 ....

3 ....

4 ....

GROUPE B

Angleterre

53 millions d'habitants
Capitale : Londres
Confédération : Europe (UEFA)
Classement FIFA : 5
Couleurs : maillot blanc, short bleu et bas blancs
Qualification : 1er du groupe
Nombre de participations à la Coupe du monde : 16
Palmarès en Coupe du monde : vainqueur en 1966, demi-finaliste en 1990 et 2018

Les matchs de l'Angleterre au 1er tour

21 NOVEMBRE - 14H00
ANGLETERRE / IRAN

25 NOVEMBRE - 20H00
ANGLETERRE / ÉTATS-UNIS

29 NOVEMBRE - 20H00
PAYS DE GALLES / ANGLETERRE

56 ans que les fans anglais attendent cela. Une attente interminable, ponctuée de désillusions (2002, 2010, 2014), de cruelles séances de tirs au but perdues (1998, 2006) et d'une 4e place prometteuse en 2018 qui a enfin redonné espoir à l'un des pays les plus dingues de football ! L'équipe d'Angleterre, 56 ans après son sacre de Wembley, à domicile en 1966, arrivera-t-elle à décrocher le deuxième titre mondial de son histoire ?

Les planètes semblent alignées. Avec un entraîneur anglais, **Gareth Southgate**, aux récents résultats encourageants (notamment la place de finaliste de l'Euro 2020), un gardien, **Jordan Pickford**, fiable, ce qui n'a pas toujours été le cas dans l'histoire de cette équipe, et une défense solide à défaut d'être géniale, à l'image de **Harry Maguire**, le défenseur le plus cher de la Premier League, l'Angleterre paraît solide et sûre d'elle. Il y a dans l'équipe quelques jeunes pépites très talentueuses, comme **Trent Alexander-Arnold** (Liverpool), **Jude Bellingham** (Borussia Dortmund) et **Phil Foden**

(Manchester City), et des joueurs plus aguerris comme **Raheem Sterling** (Manchester City) ou **Jordan Henderson** (Liverpool). Un joli cocktail d'individualités avec, *cherry on the cake* (cerise sur le gâteau), un grand buteur à la pointe de son attaque, le numéro 9 de Tottenham, **Harry Kane**.

Tête de série de ce groupe B plutôt piégeur, le onze anglais semble tout de même avoir les moyens de passer ce premier tour sans encombre. Si le premier match contre l'Iran peut permettre aux joueurs de lancer idéalement leur Coupe du monde, les demi-finalistes 2018 se méfieront sans doute d'une équipe américaine qu'ils n'ont jamais réussi à battre en Coupe du monde (1 défaite sensationnelle en 1950, 1 nul serré en 2010) pour leur deuxième rencontre.

Et que dire du 3e match contre le voisin gallois : dans cette finale du groupe B, ce derby du sud de la Grande-Bretagne aura une saveur particulière dans la chaleur de la péninsule arabique, si loin du climat tempéré que l'on connaît outre-Manche !

À suivre

HARRY KANE

Le meilleur buteur de la Coupe du monde 2018 (6 buts) n'est pas le plus élégant, le plus rapide, ni le plus grand dribbleur de l'histoire. Mais son sens du but rappelle quelques-uns des plus grands « renards des surfaces » du football. Son sens du but et son placement, ainsi que sa capacité à transformer avec sang-froid les pénaltys obtenus par son équipe, seront indéniablement l'un des points forts de cette ambitieuse équipe des *Three Lions*. Après un Euro terriblement frustrant (défaite en finale contre l'Italie, après une nouvelle défaite dans la terrible séance des tirs au but), les Anglais se sont remobilisés et ont mené une campagne d'éliminatoires efficace (8 victoires, 2 nuls, 39 buts marqués pour seulement 3 buts encaissés).

GROUPE B

États-Unis

331,4 millions d'habitants
Capitale : Washington
Confédération : Amérique du Nord, Centrale et Caraïbes (CONCACAF)
Classement FIFA : 15
Couleurs : maillot blanc, short bleu et bas blancs
Qualification : 3e du tour final
Nombre de participations à la Coupe du monde : 11
Palmarès en Coupe du monde : demi-finaliste en 1930

Les matchs des États-Unis au 1er tour

21 NOVEMBRE - 20H00
ÉTATS-UNIS – PAYS DE GALLE

25 NOVEMBRE - 20H00
ANGLETERRE – ÉTATS-UNIS

29 NOVEMBRE - 20H00
IRAN – ÉTATS-UNIS

Au pays du *soccer* (foot), l'équipe des États-Unis est devenue un acteur incontournable du football mondial… grâce à son équipe féminine ! Championnes du monde à 4 reprises, les joueuses américaines ont déjà durablement marqué l'histoire du football avec des titres et des joueuses emblématiques connues, comme **Megan Rapinoe**.

Du côté de l'équipe masculine, c'est plus compliqué. Si les femmes peuvent s'appuyer sur un immense réservoir de joueuses de qualité, les hommes doivent subir la concurrence des sports historiques, comme le base-ball, le basket et le football américain, appelé outre-Atlantique… football. À tel point que l'absence des États-Unis à la Coupe du monde 2018 n'a pas ému grand monde.

Pourtant, la MLS (la Ligue américaine de football) progresse régulièrement, et de nombreux jeunes Américains sont de plus en plus tentés par le *soccer*. Et, historiquement, l'équipe à la bannière étoilée était devenue un incontournable de la Coupe du monde avec 7 qualifications d'affilée depuis 1990, une présence régulière en huitième de finale (3 fois) et même en quart de finale en 2002.

3e de son groupe nord-américain, les États-Unis ne se sont pas sans mal qualifiés et vont pouvoir retrouver le top 36 mondial. Pendant les éliminatoires, la *team USA* s'est appuyée sur son joueur vedette **Christian Pulisic**. Comme tant d'autres, il s'est révélé au Borussia Dortmund et fait aujourd'hui le bonheur de Chelsea : le joueur y a inscrit 5 buts, dont un décisif contre le Mexique pour une victoire importante. Le meilleur buteur du tournoi final nord-américain forme avec le jeune **Ricardo Pepi**, excellent finisseur et passeur, un joli duo, technique et rapide. Hâte de les voir se frotter à la défense anglaise, et de faire probablement bien des misères aux autres équipes d'un groupe où les Américains ont une chance honnête d'atteindre l'une des places qualificatives pour les huitièmes de finale !

Iran

84,9 millions d'habitants
Capitale : Téhéran
Confédération : Asie (AFC)
Classement FIFA : 21
Couleurs : maillot, short et bas blancs
Qualification : 1er du groupe A de la zone Asie
Nombre de participations à la Coupe du monde : 6
Palmarès en Coupe du monde : 1er tour

Les matchs de l'Iran au 1er tour

21 NOVEMBRE - 14H00
ANGLETERRE / IRAN

25 NOVEMBRE - 11H00
PAYS DE GALLE / IRAN

29 NOVEMBRE - 20H00
IRAN / ÉTATS-UNIS

L'Iran est désormais un habitué des phases finales de la Coupe du monde avec cette 3e qualification d'affilée obtenue dans la zone Asie.

Et c'est toujours sous la houlette d'un sélectionneur étranger, cette fois-ci le croate **Dragan Skočić**, que l'équipe iranienne entend bien continuer sa progression dans le football mondial. Avec des résultats encourageants (13 victoires en 14 matchs depuis sa nomination), l'Iran arrive confiant au Qatar.

De plus, les résultats obtenus en 2018 étaient déjà très prometteurs ! Avant une courte défaite face à l'Espagne (0-1) et avant d'avoir accroché le Portugal de Cristiano Ronaldo (1-1), la *Team Melli* (l'équipe nationale) a obtenu contre le Maroc la deuxième victoire (1-0) de son histoire en Coupe du monde, 20 ans après la victoire lourde de symboles contre les États-Unis en 1998.

Les Iraniens retrouveront avec un certain appétit leur « meilleur ennemi » américain pour un 3e match probablement décisif. En 2018, la qualification en huitième de finale avait échappé de peu à cette sélection ambitieuse, qui ne voudra pas connaître pareille mésaventure de nouveau. Elle pourra compter sur sa proximité géographique et culturelle avec le Qatar pour voir ses supporters arriver en nombre dans les stades.

Dans ce groupe où l'Angleterre semble au-dessus du lot, l'Iran pourra s'appuyer sur sa vedette **Mehdi Taremi**. Le meilleur buteur de la sélection sort de sa meilleure saison (26 buts et 16 passes décisives !) avec le FC Porto, qu'il a ainsi grandement aidé à remporter son 30e titre national. Toujours aussi important dans sa sélection, c'est son tir précis qui a permis aux siens de l'emporter dans le match décisif contre l'Irak qui a envoyé l'Iran à la Coupe du monde.

Il sera épaulé en attaque par le talentueux **Sardar Azmoun**, qui a fait une jolie carrière (plus de 100 buts) en Russie avant de venir poser ses valises en Allemagne en cours d'année 2022.

Les Iraniens, passionnés de football, sont prêts à vivre de belles émotions l'hiver prochain !

Pays de Galles

3 millions d'habitants
Capitale : Cardiff
Confédération : Europe (UEFA)
Classement FIFA : 18
Couleurs : maillot, short et bas rouges
Qualification : vainqueur du barrage Europe contre l'Autriche et l'Ukraine
Nombre de participations à la Coupe du monde : 2
Palmarès en Coupe du monde : quart de finale (1958)

Les matchs du pays de Galles au 1er tour

21 NOVEMBRE - 20H00
ÉTATS-UNIS – PAYS DE GALLES

25 NOVEMBRE - 11H00
PAYS DE GALLES – IRAN

29 NOVEMBRE - 20H00
PAYS DE GALLES – ANGLETERRE

Incroyable ! 64 ans après sa dernière participation à la grande fête du football mondial, le pays de Galles a obtenu de haute lutte son billet pour la Coupe du monde au Qatar en arrachant la victoire contre les courageux Ukrainiens en juin dernier (1-0), pour la plus grande joie du sélectionneur **Robert Page** et de leur fantastique public.

C'est probablement son joueur le plus emblématique, **Gareth Bale**, qui a une fois de plus été déterminant en tirant superbement un coup franc légèrement détourné qui a fini sa course dans les cages adverses. De quoi redonner au ballon rond ses lettres de noblesse dans ce pays

où le ballon ovale du rugby est une vraie religion.

Aux côtés de Gareth Bale, on retrouve **Aaron Ramsey**, toujours aussi précieux au milieu de terrain, et une jeune génération de joueurs peu connue mais pleine d'énergie et d'un esprit de combat très britannique. En défense, **Ben Davies** (Tottenham) est le garant de la solidité galloise, pendant que le gardien **Wayne Hennessey** (Burnley) est capable dans un bon jour de conserver un bon résultat, comme contre l'Ukraine en barrage, où il a multiplié les arrêts décisifs.

Un match aura une saveur particulière pour le pays de Galles : il s'agit bien sûr de la confrontation explosive avec le grand voisin anglais. La plupart des gallois évoluent en Premier League et connaissent bien leurs adversaires, cette troisième rencontre pourrait s'avérer décisive !

Gare au pays de Galles ! Il se passe toujours quelque chose en phase finale avec ces autres *Diables Rouges* ! Qualifié 4 fois en phase finale de Coupe du monde et de l'Euro, le 11 gallois a toujours franchi le cap de la phase de poule. *Bis repetita* au Qatar, pour écrire une nouvelle page du football gallois ?

Groupe C

GROUPE C

Le groupe C propose un beau voyage sur 3 continents différents pour de belles confrontations, et de prometteuses oppositions de style.

L'Argentine, tête de série, essaiera d'offrir à son capitaine et légende vivante **Lionel Messi** une sortie digne de ce nom, quatre ans après l'élimination contre la France, future vainqueur, en huitième de finale.

Le Mexique, la Pologne et l'Arabie saoudite seront probablement dans un mouchoir de poche pour obtenir l'un des deux tickets qualificatifs pour les huitièmes de finale.

Le Mexique, un habitué des huitièmes, sera en effet de nouveau un concurrent sérieux à l'une des deux premières places de ce groupe homogène.

La Pologne tentera de renouer avec son glorieux passé des années 1970/1980 (deux fois demi-finaliste) grâce à Robert Lewandowski, l'un des tout meilleurs buteurs européens des 10 dernières années, mais encore muet en Coupe du monde !

L'Arabie saoudite viendra au Qatar en voisin, mais certainement pas en touriste. Le sélectionneur français Hervé Renard a construit une équipe compétitive qui entend se défendre bec et ongles dans ce groupe où chaque point comptera !

Les matchs du groupe C

22 NOVEMBRE À 11H00 : ARGENTINE - ARABIE SAOUDITE

22 NOVEMBRE À 17H00 : MEXIQUE - POLOGNE

26 NOVEMBRE À 14H00 : POLOGNE - ARABIE SAOUDITE

26 NOVEMBRE À 20H00 : ARGENTINE - MEXIQUE

30 NOVEMBRE À 20H00 : POLOGNE - ARGENTINE

30 NOVEMBRE À 20H00 : ARABIE SAOUDITE - MEXIQUE

Classement final du groupe C :

1 ....

2 ....

3 ....

4 ....

Argentine

45,8 millions d'habitants
Capitale : Buenos Aires
Confédération : Amérique du Sud (CONMEBOL)
Classement FIFA : 4
Couleurs : maillot rayé ciel et blanc, short et bas blancs
Qualification : 2e du groupe Amérique du Sud
Nombre de participations à la Coupe du monde : 18
Palmarès en Coupe du monde : vainqueur en 1978 et 1986

Les matchs de l'Argentine au 1er tour

22 NOVEMBRE - 11H00
ARGENTINE / ARABIE SAOUDITE

26 NOVEMBRE - 20H00
ARGENTINE / MEXIQUE

30 NOVEMBRE - 20H00
POLOGNE / ARGENTINE

Quel visage proposera l'Argentine lors de cette Coupe du monde 2022 ? C'est la grande question, tant l'*Albiceleste* a montré de visages différents par le passé, tantôt conquérants et irrésistibles, tantôt fades et sans relief. Pourtant, les joueurs de talent ne manquent pas dans cette sélection pas comme les autres, capable dans un bon jour de renverser n'importe quelle équipe, comme lors de la Copa América 2021 où **Lionel Messi** a enfin pu soulever son premier grand trophée international avec sa sélection.

Son retrait de la sélection après une énième déception au Mondial 2018 avait ému tout un pays pourtant pas toujours tendre avec sa *Pulga* (Puce) préférée. Depuis, l'équipe est passée sous la houlette de **Lionel Scaloni**. Cet ancien joueur et international argentin a remis de l'ordre dans la maison bleu ciel et blanc.

La victoire à la Copa América, 28 ans après le dernier sacre continental, et une facile qualification pour cette Coupe du monde 2022 ont regonflé le

À suivre

LIONEL MESSI

Depuis son arrivé au PSG, on le dit nostalgique de sa vie tranquille à Barcelone, et pas très heureux sur les terrains de football français. Très soulagé après sa victoire en Copa América, « Léo » est annoncé très ambitieux pour cette Coupe du monde 2022. À 34 ans passés, le natif de Rosario sait qu'il joue ici sa dernière carte pour brandir enfin un trophée tant espéré dans ce pays de passionnés, qui vit encore parfois dans la nostalgie de la dernière victoire des siens en 1986, obtenue grâce à un Maradona en feu.

Parfois critiqué en France pour son rendement jugé faible pour un joueur de cette qualité, il est encore une idole indéboulonnable en Argentine. Tout un pays sera derrière son équipe dès les matchs de poule.

moral de joueurs marqués par de cruelles défaites en finale, comme en 2014 en Coupe du monde, et 2015 et 2016 en Copa América : la « grinta », cette rage de gagner et la combativité, est de retour dans les rangs d'une équipe revancharde !

Lionel Scaloni s'appuie sur un bloc défensif solide (seulement 8 buts encaissés), une marque de fabrique de l'Argentine, et sur la révélation au plus haut niveau du joueur de l'Inter Milan **Lautaro Martínez**, auteur de 5 buts en éliminatoires, un complément idéal à Lionel Messi (6 buts).

Si aucune des équipes de ce groupe C ne semble offrir de défis insurmontables à cette formation argentine sur le papier, tous les supporters ont probablement en tête les difficultés rencontrées en 2018 par l'Argentine au 1er tour, accrochée par l'Islande (1-1), sèchement battue par la Croatie (0-3).

Rigueur défensive, confiance, ambition, et **Lionel Messi**... voici pourquoi l'équipe d'Argentine est favorite de ce groupe et un candidat naturel parmi les 4 meilleures nations mondiales. En attendant mieux ?

Mexique

128 millions d'habitants

Capitale : Mexico City

Confédération : Amérique du Nord, Centrale et Caraïbes (CONCACAF)

Classement FIFA : 9

Couleurs : maillot vert, short blanc et bas rouges

Qualification : 2e du tour final de la zone CONCACAF

Nombre de participations à la Coupe du monde : 17

Palmarès en Coupe du monde : quart-de-finaliste (1970 et 1986)

Les matchs du Mexique au 1er tour

22 NOVEMBRE - 17H00
MEXIQUE / POLOGNE

26 NOVEMBRE - 20H00
ARGENTINE / MEXIQUE

30 NOVEMBRE - 20H00
ARABIE SAOUDITE / MEXIQUE

L'excellent attaquant est **Raúl Jiménez**, le meilleur buteur mexicain du tour final des éliminatoires (3 buts). Ce joueur de 31 ans est l'un des rares expatriés de cette équipe. Aujourd'hui dans le club anglais de Wolverhampton, ce joueur roublard est, comme tous ses coéquipiers, capable du meilleur sous le maillot de sa sélection, et en sera l'un des meilleurs atouts.

Depuis 7 Coupes du monde (un record !), c'est le même refrain pour l'équipe nationale du Mexique : des matchs de poule enthousiasmants, une qualification pour les huitièmes de finale dans la poche, et une élimination, souvent logique, comme en 2018 contre le Brésil (2-0), à ce stade de la compétition, véritable plafond de verre infranchissable pour la *Tri*.

Pour cette édition 2022, le Mexique semble de nouveau avoir les armes pour franchir ce premier tour : un excellent attaquant, une équipe soudée, capable de se transcender pour la Coupe du monde, cette institution au Mexique, et un sélectionneur expérimenté.

Sans véritable star, l'équipe mexicaine jouera au Qatar son registre habituel, basé sur une grande solidarité entre ses joueurs et une combativité de tous les instants, ce qui fait du Mexique un adversaire très respecté. Cette équipe soudée bénéficie d'un sélectionneur compétent, l'Argentin **Gerardo « Tata » Martino**. Ancien sélectionneur de l'Argentine et du Paraguay, mais aussi du FC Barcelone en 2013, Martino a été, dès sa prise de fonction, très clair : « Il y a un postulat de travail, d'engagement et d'honnêteté. Maintenant, je m'engage avec l'objectif de jouer les quarts de finale du Mondial, mais avant, qu'on élabore un système de jeu et une idée directrice claire. »

Les quarts de finale ? Et si le Mexique nous surprenait enfin ?

Pologne

38 millions d'habitants
Capitale : Varsovie
Confédération : Europe (UEFA)
Classement FIFA : 26
Couleurs : maillot, short et bas blancs
Qualification : 2e du groupe I, puis vainqueur des barrages contre la Russie (disqualifiée) et la Suède (2-0)
Nombre de participations à la Coupe du monde : 8
Palmarès en Coupe du monde : 3e place (1974 et 1982)

Les matchs de la Pologne au 1er tour

22 NOVEMBRE - 17H00
MEXIQUE / POLOGNE

26 NOVEMBRE - 14H00
POLOGNE / ARABIE SAOUDITE

30 NOVEMBRE - 20H00
POLOGNE / ARGENTINE

La Pologne arrivera-t-elle enfin à passer ce cap du premier tour, qu'elle n'a pas su franchir en Coupe du monde depuis 1986 ?! Au niveau européen, ce n'est guère mieux, car la Pologne n'a franchi le premier tour qu'à une seule reprise, en 2016 !

C'est dire les difficultés à concrétiser au plus haut niveau rencontrées par les *Aigles Blancs* depuis la grande époque des années 1970/1980, quand la Pologne était redoutée des meilleures équipes.

La 26e équipe au classement FIFA ne fait aujourd'hui plus peur à grand monde, malgré la présence dans ses rangs de l'un des tout meilleurs n° 9 de la planète foot, **Robert Lewandowski**.

L'attaquant du Bayern Munich, 2e au classement du Ballon d'Or 2021, est toujours au sommet de sa forme, mais tout comme son équipe nationale, son bilan au plus haut niveau est décevant, à l'image de ce Mondial 2018 qui l'a vu repartir de Russie sans avoir marqué un but. Depuis, le buteur polonais a affolé les compteurs et remporté la Ligue des champions. Lewandowski aimerait encore mieux marquer l'histoire de sa sélection en lui offrant probablement, à 33 ans, quelques-uns de ses derniers buts dans une compétition majeure.

Le sélectionneur portugais **Paulo Sousa** a rempli son objectif, qualifier la Pologne pour la 8e Coupe du monde de son histoire, apportant un peu de sérénité à son équipe. Mais la sélection a du mal à se défaire de la « Lewandowski-dépendance ». Le marseillais **Arkadiusz Milik** et le joueur du championnat de MLS **Adam Buksa** sont cependant d'excellents joueurs que les défenses du groupe C devront surveiller, pendant que dans les buts, l'expérimenté **Wojciech Szczęsny**, passé par Arsenal, la Roma, et aujourd'hui à la Juventus de Turin, aura probablement fort à faire pour contrer les ambitieux adversaires de la Pologne.

Arabie saoudite

34 millions d'habitants
Capitale : Riyad
Confédération : Asie (AFC)
Classement FIFA : 49
Couleurs : maillot, short et bas vert et blanc
Qualification : 1er du groupe B de la zone Asie
Nombre de participations à la Coupe du monde : 6
Palmarès en Coupe du monde : 8e de finaliste (1994)

Comme son voisin organisateur de cette Coupe du monde, le Qatar, l'Arabie saoudite souhaite réussir « un coup » en novembre prochain. Placé dans un groupe où seule l'Argentine lui semble largement supérieure, l'Arabie saoudite compte sur les matchs contre la Pologne et le Mexique pour tenter de marquer les points qui lui permettront de rééditer l'exploit de 1994, quand la sélection avait atteint à la surprise générale les huitièmes de finale.

Intraitable à domicile pendant les éliminatoires (5 victoires, dont celles contre le Japon et l'Australie), l'Arabie saoudite s'est facilement qualifiée pour le 6e Mondial de son histoire.

Et c'est un Français, **Hervé Renard**, qui aura la lourde tâche d'emmener les *Faucons verts* vers les huitièmes de finale de cette 22e Coupe du monde de l'histoire. L'ancien entraîneur de Sochaux et de Lille a aussi beaucoup d'expérience internationale. L'Angola, la Zambie, la Côte d'Ivoire et le Maroc ont profité d'un certain succès : victoire à la Coupe d'Afrique des nations avec la Zambie en 2012, à la surprise générale, puis avec les *Éléphants* de Côte d'Ivoire en 2015. L'Arabie saoudite compte s'appuyer sur leur sélectionneur pour oublier la déception de 2018, où deux défaites contre la Russie et l'Uruguay avaient ruiné les chances saoudiennes, la victoire contre l'Égypte ne faisant qu'aviver les regrets de cette sélection.

Depuis, Hervé Renard a apporté confiance et stabilité à cette sélection qui cherchera à faire sensation dans ce groupe.

Salem al-Dossari, buteur décisif contre l'Égypte il y a 4 ans, et le vétéran **Mohammad al-Sahlawi**, meilleur buteur de la sélection, seront les meilleurs atouts offensifs de l'Arabie saoudite. Auront-ils les armes pour percer les défenses de ce groupe C ? Réponse dès le 22 novembre avec le choc contre l'Argentine de Messi !

Les matchs de l'Arabie saoudite au 1er tour

22 NOVEMBRE - 11H00
ARGENTINE – ARABIE SAOUDITE

26 NOVEMBRE - 14H00
POLOGNE – ARABIE SAOUDITE

30 NOVEMBRE - 20H00
ARABIE SAOUDITE – MEXIQUE

GROUPE D

Groupe D

Avec 3 équipes en commun, le groupe D ressemble furieusement au groupe C de l'édition 2018 : le hasard du tirage au sort a en effet placé de nouveau la France, l'Australie et le Danemark dans une poule où les deux équipes européennes avaient non sans mal tiré leur épingle du jeu en Russie.

Si la France, championne du monde en titre et tête de série, fait figure d'équipe favorite, nul doute que **Didier Deschamps** saura rappeler à ses joueurs les difficultés posées par l'Australie (2-1) et le Danemark (0-0) il y a quatre ans.

Les Bleus devront aussi veiller à ne pas succomber au syndrome du tenant du titre éliminé au 1er tour, une habitude depuis 3 éditions, et dont la France fut elle-même victime en 2002 !

Les adversaires des Bleus rêvent de les faire tomber de leur piédestal. Le Danemark et l'Australie sont deux formations solides toujours difficiles à manœuvrer, contre lesquelles la vitesse d'un Kylian Mbappé, espéré en pleine forme, sera fort utile !

La Tunisie jouera le rôle de poil à gratter dans ce groupe, comme elle avait essayé de le faire en 2018 dans un groupe similairement difficile.

Les matchs du groupe D

22 NOVEMBRE À 14H00 : DANEMARK - TUNISIE
22 NOVEMBRE À 20H00 : FRANCE - AUSTRALIE
26 NOVEMBRE À 11H00 : TUNISIE - AUSTRALIE
26 NOVEMBRE À 17H00 : FRANCE - DANEMARK
30 NOVEMBRE À 16H00 : AUSTRALIE - DANEMARK
30 NOVEMBRE À 20H00 : TUNISIE - FRANCE

Classement final du groupe D :

1 ....
2 ....
3 ....
4 ....

France

67 millions d'habitants
Capitale : Paris
Confédération : Europe (UEFA)
Classement FIFA : 3
Couleurs : maillot bleu, short blanc et bas rouges
Qualification : 1er du groupe D de la zone Europe
Nombre de participations à la Coupe du monde : 16
Palmarès en Coupe du monde : vainqueur en 1998 et 2018, finaliste en 2006, 3e en 1986, 4e en 1982.

Les matchs de la France au 1er tour

22 NOVEMBRE - 20H00
FRANCE – AUSTRALIE

26 NOVEMBRE - 17H00
FRANCE – DANEMARK

30 NOVEMBRE - 20H00
TUNISIE – FRANCE

Comme le Brésil en 1962, la France réussira-t-elle l'exploit de conserver son titre de championne du monde ? Avec la bande de **Didier Deschamps**, il faut s'attendre à tout, alors pourquoi pas ?

Depuis le sacre de Moscou en 2018, l'équipe de France a soufflé le chaud (victoire en Ligue des nations en 2021) et le froid (défaite en quarts de finale de l'Euro 2020 face à la Suisse aux tirs au but), tout en se qualifiant aisément pour la Coupe du monde 2022, afin d'avoir la possibilité de défendre son titre.

Le sélectionneur Didier Deschamps a choisi de renouveler sa confiance auprès de nombreux vainqueurs de 2018 : **Hugo Lloris**, **Raphaël Varane**, **Benjamin Pavard**, **N'Golo Kanté**, **Paul Pogba**, **Antoine Griezmann** ou encore **Kylian Mbappé** seront ainsi présents pour tenter

d'ajouter une troisième étoile au maillot bleu : ces cadres incontournables du groupe France joueront pour la plupart leur 3e Coupe du monde d'affilée, une 4e même pour Lloris !

Didier Deschamps a aussi ajouté des nouveaux joueurs dans le groupe, signe de l'immense réservoir de joueurs dont dispose la France. **Mike Maignan**, **Jules Koundé**, **Théo Hernandez** ou **Aurélien Tchouaméni** ont intégré avec bonheur la sélection, et apporté une saine concurrence qui a bénéficié à toute l'équipe. Avec ces nouveaux entrants, les Bleus sont costauds à tous les postes, et peuvent quasiment proposer deux équipes très compétitives !

C'est bien sûr la ligne d'attaque tricolore qui fait beaucoup parler d'elle. Avec **Olivier Giroud**, **Antoine Griezmann** ou **Ousmane Dembélé**, les Bleus sont très bien armés… sans oublier le retour tonitruant de **Karim Benzema** ! Le buteur du Real Madrid, auréolé d'un nouveau titre de Champion d'Europe avec le Real, a été rappelé pour l'Euro 2020, où son sens du but et du collectif a fait des étincelles. À 34 ans, c'est probablement la dernière chance pour KB9 de briller sur la scène mondiale.

De plus, sa complicité avec **Kylian Mbappé** a dynamisé le jeu tricolore, lui apportant vitesse et fluidité. Kylian Mbappé, justement, aura à cœur de continuer à battre les records en tout genre. Le natif de Bondy, qui a choisi de rester au PSG en mai dernier, est un joueur qui aime les grands évènements. Il s'était révélé aux yeux du monde du football en 2018, la confirmation est attendue en 2022, malgré les défenseurs adverses qui essaieront de ne pas lui laisser trop d'espace, et le voir filer dans leur dos à plus de 30 km/h !

C'est donc avec une certaine sérénité que l'équipe de France se rend au Qatar. Dans son groupe, la France retrouvera comme en 2018 le Danemark et l'Australie, deux adversaires qui lui avaient alors posé pas mal de soucis !

Et comme en 2018, les Bleus essaieront de valider leur billet pour les huitièmes de finale dès la fin du deuxième match sifflé, afin de permettre une rotation de joueurs lors du 3e match contre la Tunisie — une vraie découverte à ce niveau, qui pourrait s'avérer utile dans la chaleur de la péninsule arabique afin de préserver les organismes peut-être déjà un peu éprouvés par le début de saison des championnats européens.

GROUPE D

Danemark

5,7 millions d'habitants
Capitale : Copenhague
Confédération : Europe (UEFA)
Classement FIFA : 11
Couleurs : maillot, short et bas rouges
Qualification : 1er du groupe F de la zone Europe
Nombre de participations à la Coupe du monde : 6
Palmarès en Coupe du monde : quart-de-finaliste (1998), 1/8e de finaliste (1986, 2002, 2018)

Les matchs du Danemark au 1er tour

22 NOVEMBRE - 14H00
DANEMARK – TUNISIE

26 NOVEMBRE - 17H00
FRANCE – DANEMARK

30 NOVEMBRE - 16H00
AUSTRALIE – DANEMARK

Étonnant Danemark, ce pays un peu plus grand qu'une région moyenne française, est capable depuis 1986 de qualifier son équipe nationale à 6 Coupes du monde sur 10, et de rivaliser avec les meilleures équipes mondiales !

Le champion d'Europe 1992 est en effet un habitué des phases finales. La France a d'ailleurs déjà croisé son chemin à 3 reprises en Coupe du monde, la dernière fois en 2018 pour un match nul (0-0) qui n'était pas resté dans les mémoires. C'est que les Danois vendent souvent chèrement leur peau (1 victoire et 2 nuls contre les Bleus en phase finale). Sous l'égide du sélectionneur **Kasper Hjulmand**, rien n'a véritablement changé : leur bloc compact, allié à la qualité physique de ses joueurs, à l'image du défenseur et capitaine **Simon Kjær**, permet au Danemark d'encaisser peu de buts (3 seulement pendant les éliminatoires).

Offensivement, des joueurs comme **Andreas Cornelius** (Trabzonspor), auteur d'un doublé contre les Bleus lors du premier match de Ligue des nations en juin au Stade de France, **Kasper Dolberg** (Nice) ou **Yussuf Poulsen** (Leipzig) offrent certaines garanties, mais tout le Royaume du Danemark aura les yeux rivés sur **Christian Eriksen**, victime d'un arrêt cardiaque pendant le match de l'Euro 2020 contre la Finlande.

9 mois après ce terrible accident, Eriksen était de nouveau sélectionné pour les *Danish Dynamite*, marquant même un but juste après son entrée sur le terrain !

Cet excellent manieur de ballon et finisseur à l'occasion constitue l'âme de cette équipe, et nul doute que sa présence parmi les 23 Danois constituera un plus indéniable pour cette sélection.

Dans un groupe accessible, où le Danemark est tout à fait capable d'accrocher la France dans un bon jour, les deux premières places constituent un objectif tout à fait réalisable. Le premier match contre la Tunisie pourra déjà fournir son lot de réponses quant à la capacité des Nordiques à répondre aux attentes de leurs nombreux et sympathiques supporters !

Tunisie

GROUPE D

11,7 millions d'habitants
Capitale : Tunis
Confédération : Afrique (CAF)
Classement FIFA : 35
Couleurs : maillot, short et bas blanc
Qualification : vainqueur du barrage Afrique contre le Mali
Nombre de participations à la Coupe du monde : 6
Palmarès en Coupe du monde : néant

Les matchs de la Tunisie au 1er tour

22 NOVEMBRE - 14H00
DANEMARK / TUNISIE

26 NOVEMBRE - 17H00
TUNISIE / AUSTRALIE

30 NOVEMBRE - 20H00
TUNISIE / FRANCE

Un but contre son camp du malheureux joueur malien Moussa Sissako a suffi à la Tunisie pour se qualifier dans la douleur pour la 6e Coupe du monde de son histoire, la 2e consécutive.

En 2018, la Tunisie avait donné du fil à retordre à l'Angleterre, future demi-finaliste, en ne s'inclinant que dans les arrêts de jeu, avant de perdre plus nettement… face à un autre futur demi-finaliste, la Belgique (2-5). Autant dire qu'*a posteriori*, les Tunisiens n'avaient pas été particulièrement gâtés par le tirage au sort ! Seul le Panama avait permis aux *Aigles de Carthage* de sortir la tête haute de la compétition, après une victoire 2-1 face à l'équipe d'Amérique centrale.

Pas sûr, 4 ans après, que le capitaine **Wahbi Khazri** (meilleur buteur actuel de la sélection avec 24 buts) et ses partenaires aient été versés dans un groupe plus accessible, avec la présence du champion du monde français et d'une deuxième équipe européenne, le Danemark. « Le tirage au sort a placé la Tunisie dans un groupe difficile, mais le onze national jouera avec l'objectif d'atteindre le second tour » a ainsi déclaré le nouveau sélectionneur **Jalel Kadri**.

Nommé en janvier 2022, Jalel Kadri tentera de faire entrer dans l'histoire cette équipe de Tunisie, qui serait la première à atteindre le cap des huitièmes de finale en 6 participations ! Arrivé juste avant les barrages, le sélectionneur a su remobiliser une sélection en proie au doute, une situation dont il avait bien conscience car il en était auparavant le sélectionneur adjoint. Atout supplémentaire dans sa manche, il sera entouré de deux adjoints expérimentés, les anciens joueurs de talent **Ali Boumnijel** et **Selim Benachour**.

En rappelant les cadres, comme l'attaquant **Taha Yassine Khenissi**, et en diffusant un peu de sérénité, la Tunisie va pouvoir bien défendre ses chances pour cette Coupe du monde !

Avec des joueurs comme **Youssef Msakni**, **Ali Maaloul** et le gardien **Farouk Ben Mustapha**, la Tunisie possède des Aigles motivés comme jamais pour réaliser cet exploit.

Australie

25 millions d'habitants
Capitale : Canberra
Confédération : Asie (AFC)
Classement FIFA : 42
Couleurs : maillot jaune, short vert et bas jaunes
Qualification : vainqueur du barrage intercontinental contre le Pérou
Nombre de participations à la Coupe du monde : 6
Palmarès en Coupe du monde : 1/8e de finaliste (2006)

Les matchs de l'Australie au 1er tour

22 NOVEMBRE - 14H00
FRANCE – AUSTRALIE

26 NOVEMBRE - 17H00
TUNISIE – AUSTRALIE

30 NOVEMBRE - 16H00
AUSTRALIE – DANEMARK

Les *Socceroos* doivent une fière chandelle à leur gardien de but remplaçant **Andrew Redmayne**. Il est en effet spécialement rentré dans les derniers instants du barrage contre le Pérou, alors que le score était de 0-0, pour la séance de tirs au but. Le gardien de Melbourne City a ensuite déstabilisé les joueurs péruviens en gesticulant sur sa ligne avant chaque tir… une tactique payante puisque c'est lui qui a réussi l'arrêt décisif qui envoie donc l'Australie au Qatar !

Il s'agit de la 6e participation des Océaniens à la Coupe du monde. Comme d'habitude, l'Australie présentera une équipe difficile à manœuvrer à défaut d'être brillante. Les Français avaient eu bien du mal à se dépêtrer du piège australien en 2018, et les *Socceroos* espèrent bien poser les mêmes problèmes aux Bleus, aux Danois et aux Tunisiens cette année, même s'il n'y aura pas de tirs au but au 1er tour !

La génération dorée des années 2010, menée par le meilleur buteur de la sélection, **Tim Cahill**, a passé la main. L'équipe australienne joue énormément sur sa combativité et sa solidité défensive. Le sélectionneur **Graham Arnold**, un ancien attaquant pourtant, n'a pas proposé un jeu flamboyant pendant les éliminatoires asiatiques, et le match contre le Pérou n'a pas dérogé à la règle, avec un premier tir cadré à la 81e minute seulement.

Offensivement, l'Australie essaiera de s'appuyer sur le talent du milieu offensif de Francfort **Ajdin Hrustic**. Le vainqueur de la Ligue Europa 2022 avec l'Eintracht dispose d'une belle patte gauche ! Le joueur d'origine bosnienne sera épaulé par **Martin Boyle**, d'origine écossaise, et par **Awer Mabil**, un joueur sud-soudanais né dans un camp de réfugiés et naturalisé en 2014.

L'équipe la plus internationale de la compétition aura pour objectif de renouer avec les huitièmes de finale, ce qui n'est pas arrivé à l'Australie depuis 2006.

GROUPE E

Groupe E

Le groupe E est probablement le plus relevé de cette Coupe du monde 2022. Il est en effet le seul à abriter deux nations championnes du monde, deux monstres sacrés du football européen, l'Espagne et l'Allemagne. La dernière rencontre a été marquée par une victoire très nette des Espagnols, ce qui, comme l'a souligné son sélectionneur **Luis Henrique**, leur donne un « avantage psychologique » avant ce choc très attendu du 1er tour.

Ces deux nations seront opposées au Japon, une sélection difficile à manœuvrer et habituée aux rudes joutes des matchs de Coupe du monde : la Belgique se souvient très bien de la confrontation avec les joueurs du pays du Soleil Levant en 2018 en huitième de finale (3-2) quand ces derniers menaient 0-2 à 20 minutes de la fin.

Enfin, le Costa Rica complète ce groupe, avec pour mission de jouer les trouble-fêtes, et, pourquoi pas, de créer une sensationnelle surprise, comme en 2014 quand les *Ticos* ont atteint les quarts de finale !

Les matchs du groupe E

23 NOVEMBRE À 14H00 : ALLEMAGNE - JAPON
23 NOVEMBRE À 17H00 : ESPAGNE - COSTA RICA
26 NOVEMBRE À 20H00 : ESPAGNE - ALLEMAGNE
27 NOVEMBRE À 11H00 : JAPON - COSTA RICA
1ER DÉCEMBRE À 20H00 : JAPON - ESPAGNE
1ER DÉCEMBRE À 20H00 : COSTA RICA - ALLEMAGNE

Classement final du groupe E :

1 ....
2 ....
3 ....
4 ....

GROUPE E

Espagne

47 millions d'habitants
Capitale : Madrid
Confédération : Europe (UEFA)
Classement FIFA : 7
Couleurs : maillot rouge, short et bas bleus
Qualification : 1er du groupe B de la zone Europe
Nombre de participations à la Coupe du monde : 16
Palmarès en Coupe du monde : vainqueur (2010), quart-de-finaliste (1934, 1994 et 2006)

Les matchs de l'Espagne au 1er tour

23 NOVEMBRE - 17H00
ESPAGNE – COSTA RICA

26 NOVEMBRE - 20H00
ESPAGNE – ALLEMAGNE

1ER DÉCEMBRE - 20H00
JAPON – ESPAGNE

La grande Espagne est-elle de retour ? Après l'âge d'or de la sélection de 2008 à 2012 (un titre de champion du monde, deux titres de champion d'Europe, un exploit qu'aucune équipe européenne n'avait réussi) et la domination d'une génération exceptionnelle de joueurs emmenée par **Xavi**, **Andrés Iniesta** et le charismatique **Carles Puyol**, l'Espagne a eu du mal à digérer ces glorieux succès. Elle n'a ainsi remporté que deux matchs de phase finale de Coupe du monde depuis 2010 – contre l'Australie en 2014 et l'Iran en 2018.

Mais la *Roja* a retrouvé du poil de la bête sur la scène européenne, en réalisant un très bon Euro 2020, s'inclinant seulement aux tirs au but en demi-finale contre le futur vainqueur italien, et en se hissant en finale de la Ligue des nations quelques

mois plus tard, contre la France. Après avoir longtemps mené grâce à un but de l'attaquant de la Real Sociedad **Mikel Oyarzábal**, l'Espagne ne s'est inclinée qu'en fin de rencontre sur un but litigieux de Kylian Mbappé.

Cette résurrection des Ibères sur la scène internationale est notamment due au sélectionneur **Luis Henrique**, qui a pris l'équipe en main après la Coupe du monde 2018. Cet ancien excellent joueur, international espagnol à 62 reprises, connaît bien les particularités d'une Coupe du monde, une compétition à laquelle il a déjà participé 3 fois en tant que joueur.

En bon marathonien, Luis Henrique a construit une équipe pour durer, solide et joueuse.

Son quatuor de défenseurs est expérimenté, avec notamment **César Azpilicueta**, le capitaine de Chelsea, et son milieu est toujours dirigé par l'inamovible **Sergio Busquets**, le capitaine de la sélection, garant du jeu de possession qu'affectionne l'Espagne.

En attaque, Luis Henrique fait confiance à une nouvelle génération de jeunes joueurs, comme **Dani Olmo** (Leipzig) ou **Ferran Torres** (Barcelone), capables de concrétiser la domination dans le jeu, même si ces joueurs n'ont pas encore le statut de « très grand attaquant », comme **Álvaro Morata**, le meilleur buteur actuel de la sélection, enfin décisif dans un grand tournoi, lors de l'Euro 2020 (3 buts).

Surtout, l'Espagne compte énormément sur le talent exceptionnel du prodige du FC Barcelone **Pedri**, 18 ans seulement, symbole de lendemains qui chantent pour cette *Roja* ambitieuse qui veut renouer avec ses heures de gloire en Coupe du monde.

Dans ce groupe E, son statut de tête de série ne l'a pas empêché de tirer un gros poisson aux dents longues, l'Allemagne, comme l'Espagne en reconstruction. La confrontation du 26 novembre sera assurément un moment fort de ce premier tour, tous groupes confondus !

Si l'Espagne, toujours un peu longue à se lancer dans un tournoi (défaites en 2010 et 2014, nul en 2018), se méfiera pour cette raison du Costa Rica, elle demeure néanmoins supérieure sur le papier.

Enfin, nul doute que le prudent Luis Henrique préparera avec une attention particulière le match contre le Japon – un adversaire inédit pour l'Espagne en Coupe du monde — pour un 3e match qui pourra être décisif pour l'attribution de la 1re ou de la 2e place qualificative pour les huitièmes de finale.

Réponse le 1er décembre vers 22 heures !

Allemagne

83 millions d'habitants
Capitale : Berlin
Confédération : Europe (UEFA)
Classement FIFA : 12
Couleurs : maillot blanc, short noir et bas blancs
Qualification : 1er du groupe J de la zone Europe
Nombre de participations à la Coupe du monde : 9
Palmarès en Coupe du monde : vainqueur (1954, 1974, 1990, 2014), 3e (1934, 1970, 2006, 2010), 4e (1958), quart-de-finaliste (1962, 1978, 1994, 1998).

Les matchs de l'Allemagne au 1er tour

23 NOVEMBRE - 14H00
ALLEMAGNE / JAPON

26 NOVEMBRE - 20H00
ESPAGNE / ALLEMAGNE

1ER DÉCEMBRE - 20H00
COSTA RICA / ALLEMAGNE

Le coup de tonnerre de 2018 avait pris par surprise tout le monde du football. Pour la 1re fois de son histoire, l'Allemagne quadruple championne du monde n'avait pas réussi à se qualifier pour les huitièmes de finale !

La nouvelle génération de joueurs de la *Mannschaft* serait-elle donc moins crainte que ses glorieux aînés ? Pas impossible, tant le jeu allemand a évolué ces dernières années. Plus technique, moins physique, il laisse plus de marges de manœuvre à l'adversaire.

Des joueurs comme **Leroy Sané**, absent à la Coupe du monde 2018, ou **Serge Gnabry**, ne manquent pas de talent, mais peinent parfois à concrétiser leurs occasions, comme lors du huitième de finale perdu contre l'Angleterre lors de l'Euro 2020 (0-2).

Heureusement, le gardien **Manuel Neuer** veille dans les buts allemands : il va d'ailleurs participer à son 4e Mondial !

Surtout, peu de jeunes joueurs toquent à la porte de la sélection désormais entraînée par **Hans-Dieter Flick**, à l'exception de **Kai Havertz**, le talentueux milieu offensif de Chelsea. Et les cadres de l'équipe, vieillissants, n'apportent plus la sérénité et la force qui avaient tant impressionné au Brésil en 2014. Au point qu'un **Toni Kroos**, pendant longtemps le métronome de cette équipe, a décidé à 31 ans de prendre sa retraite internationale après l'Euro !

Un vrai coup dur pour l'Allemagne, qui devra batailler ferme dans un groupe difficile, où chaque point comptera. Mais attention, c'est quand on n'attend plus rien de cette équipe qu'elle est capable des plus grands exploits. N'est pas 4 fois vainqueur de la Coupe du monde qui veut !

Japon

125 millions d'habitants
Capitale : Tokyo
Confédération : Asie (AFC)
Classement FIFA : 23
Couleurs : maillot bleu, short noir et bas bleus
Qualification : 2e du groupe B de la zone Asie
Nombre de participations à la Coupe du monde : 7
Palmarès en Coupe du monde : 1/8e de finaliste (1998, 2010, 2018)

Les matchs du Japon au 1er tour

23 NOVEMBRE - 14H00
ALLEMAGNE / JAPON

27 NOVEMBRE - 11H00
JAPON / COSTA RICA

1ER DÉCEMBRE - 20H00
JAPON / ESPAGNE

Et de 7 ! En allant s'imposer le 24 mars 2022 en Australie, le Japon a validé sa 7e qualification de suite à la Coupe du monde. En effet, les *Blue Samuraï* n'ont manqué aucune édition depuis 1998, une belle performance pour une équipe désormais bien installée dans le concert des nations du football. Pourtant, leur campagne d'éliminatoires avait très mal commencé, avec deux premières défaites à l'extérieur, à Oman et en Arabie saoudite. Mais l'équipe nippone a progressivement redressé la barre, grappillant les points précieux d'une qualification arrachée de haute lutte à Sydney, avec deux buts inscrits dans les derniers instants de la rencontre par l'ailier droit **Kaoru Mitoma**, au grand soulagement du sélectionneur **Hajime Moriyasu**. En place depuis 2018, ce dernier n'a pas glané le moindre titre avec une sélection (battu par le Qatar en finale de la Coupe d'Asie), qui aura pour objectif d'atteindre les huitièmes de finale, comme en Russie.

Pour cette Coupe du monde 2022, la tâche s'annonce ardue avec la présence des deux monstres européens du groupe, l'Allemagne et l'Espagne. Mais les Japonais abordent tous les matchs avec un mélange de fraîcheur et de discipline qui peut surprendre n'importe quelle équipe sur un match.

Le mental japonais, allié à un véritable esprit d'équipe, avait permis à tout un pays d'espérer réaliser un magnifique exploit en 2018 en huitième de finale, quand les *Blue Samuraï* menaient 2-0 à 20 minutes de la fin contre la Belgique, avant de s'incliner dans la douleur 2-3 face au futur 3e de la compétition.

C'est dire que le Japon est aujourd'hui capable de tenir tête à n'importe quelle équipe, comme lors de la dernière Copa América où l'invité asiatique a tenu tête à l'Uruguay et à l'Équateur, deux équipes elles aussi qualifiées pour le Mondial qatari.

Des joueurs d'expérience, comme le gardien **Eiji Kawashima**, passé par Strasbourg, le défenseur **Yūto Nagatomo**, ou l'attaquant **Yuka Osako** (plus de 20 buts en sélection), seront de nouveau les piliers de cette sélection quelque peu vieillissante… mais avide d'exploits !

Costa Rica

5 millions d'habitants
Capitale : San José
Confédération : Amérique du Nord, centrale et Caraïbes (CONCACAF)
Classement FIFA : 31
Couleurs : maillot rouge, short bleu et bas rouges
Qualification : vainqueur du barrage contre la Nouvelle-Zélande
Nombre de participations à la Coupe du monde : 7
Palmarès en Coupe du monde : quart-de-finaliste (2014), 1/8e de finaliste (1990)

Les matchs de l'Allemagne au 1er tour

23 NOVEMBRE - 14H00
ESPAGNE – COSTA RICA

26 NOVEMBRE - 20H00
JAPON – COSTA RICA

1ER DÉCEMBRE - 20H00
COSTA RICA – ALLEMAGNE

Au bout de la nuit de Doha (Qatar), le Costa Rica a validé contre de valeureux Néo-Zélandais son ticket pour la Coupe du monde après sa victoire 1-0 contre les Océaniens lors de l'ultime barrage intercontinental.

Le dernier qualifié est un habitué des phases finales récentes, avec 6 participations sur 9 possibles depuis 1990 ! Les *Ticos* ont le don de faire vibrer les foules lors des Coupes du monde. En 2014, ils avaient su sortir d'un groupe très périlleux (avec l'Angleterre, l'Uruguay et l'Italie) avant de se hisser jusqu'en quart de finale. *Bis repetita* en 2022 dans ce nouveau « groupe de la mort » ?

Les Costaricains ont de beaux arguments à faire valoir : l'équipe nationale fait toujours preuve d'une solidarité à toute épreuve. Dans un bon jour, ce collectif soudé est capable de battre n'importe quelle équipe.

Quelques individualités, et pas des moindres, sont en mesure de motiver et de faire basculer le sort d'une rencontre, comme l'attaquant **Joel Campbell**, le globe-trotteur de cette équipe nationale (10 clubs de 7 pays différents à seulement 30 ans !), buteur victorieux contre la Nouvelle-Zélande.

À ses côtés, l'emblématique leader « moral » **Bryan Ruiz** (36 ans) est aussi le témoin auprès des plus jeunes joueurs des exploits passés, notamment en 2014 où Ruiz avait illuminé de sa classe cette Coupe du monde brésilienne.

Enfin, **Keylor Navas** est un dernier mur infranchissable. Le portier du Paris-Saint-Germain est une véritable légende au pays, et le triple vainqueur de la Ligue des champions (avec le Real Madrid) aura à cœur de disputer une dernière Coupe du monde réussie avec ses chers *Ticos* !

GROUPE

F

Groupe F

La Belgique, demi-finaliste malheureuse contre la France, et la Croatie, battue par cette même équipe en finale, aura à cœur de réitérer son beau parcours du Mondial russe, et part donc logiquement favorite de ce groupe F. Vainqueurs de leurs groupes d'éliminatoires respectifs, les deux équipes ont néanmoins eu des destins différents depuis 2018.

Les *Diables Rouges*, tête de série, ont continué depuis 2018 à engranger de bons résultats, se maintenant à un très bon niveau sans pouvoir cependant remporter le moindre titre, échouant à deux reprises aux portes des finales de l'Euro ou de la Ligue des nations.

La Croatie a eu plus de mal à digérer son incroyable épopée mondiale russe, avec notamment une défaite historique contre l'Espagne, un 6-0 qui constitue la pire défaite à ce jour des *Vatreni*. Mais la Croatie a tout de même validé son billet pour la Coupe du monde ! Si l'effet de surprise ne jouera pas comme en 2018, les joueurs croates, toujours aussi techniques, sont prêts à faire trembler les filets adverses.

Le Maroc et le Canada auront fort à faire face à deux des équipes les plus emballantes de la Coupe du monde 2018. Le Maroc se présente avec une belle génération de joueurs, entraînée par **Vahid Halilhodžić**, et le Canada, emmené par l'attaquant de Lille Jonathan David, participera à la deuxième Coupe du monde de son histoire, avec l'ambition d'y marquer ses premiers points.

Voilà qui promet en tout cas de belles confrontations, dans l'un des groupes les plus attractifs de cette 22e Coupe du monde ! Si les deux premières places semblent promises aux deux équipes européennes, nul doute que le Maroc et le Canada sont prêts à réaliser des performances exceptionnelles que seule la Coupe du monde fait naître !

Le dernier match Croatie - Belgique permettra-t-il de savoir qui finit premier ou deuxième du groupe, ou sera-t-il synonyme d'élimination prématurée ? Réponse le 1er décembre après ce choc du 1er tour !

Les matchs du groupe F

23 NOVEMBRE À 11H00 : MAROC - CROATIE
23 NOVEMBRE À 20H00 : BELGIQUE - CANADA
27 NOVEMBRE À 14H00 : BELGIQUE - MAROC
27 NOVEMBRE À 17H00 : CROATIE - CANADA
1ER DÉCEMBRE À 16H00 : CROATIE - BELGIQUE
1ER DÉCEMBRE À 16H00 : CANADA - MAROC

Classement final du groupe F :

1 ....

2 ....

3 ....

4 ....

Belgique

Les matchs de la Belgique au 1er tour

23 NOVEMBRE - 20H00
BELGIQUE – CANADA

27 NOVEMBRE - 14H00
BELGIQUE – MAROC

1ER DÉCEMBRE - 16H00
CROATIE – BELGIQUE

11 millions d'habitants
Capitale : Bruxelles
Confédération : Europe (UEFA)
Classement FIFA : 2
Couleurs : maillot rouge, short noir et bas rouges
Qualification : 1er du groupe E
Nombre de participations à la Coupe du monde : 13
Palmarès en Coupe du monde : 3e (2018), 4e (1986), quart-de-finaliste (1982 et 2014), huitième de finaliste (1934, 1938, 1990, 2002)

Un carton plein à domicile, deux nuls à l'extérieur chez les deux autres pointures de leur groupe d'éliminatoires (le pays de Galles et la République tchèque), pourtant réputés piégeurs, et c'est sans coup férir que la Belgique s'est qualifiée pour la 13e Coupe du monde de son histoire !

Cela fait maintenant 27 matchs que la Belgique n'a pas perdu d'éliminatoires en Coupe du monde, un record !

Comme en 2018, la Belgique se présente avec une constellation de stars venues des meilleurs clubs européens. À commencer par le meilleur gardien du monde, **Thibaut Courtois**, étincelant et décisif avec le Real Madrid dans sa conquête du doublé Liga/Ligue des champions en mai dernier.

En attaque, le duo **Romelu Lukaku - Eden Hazard** est prêt à forcer les verrous des défenses adverses avec la puissance et l'efficacité du premier, et la classe retrouvée en fin de saison 2021/2022 du second. Toute la Belgique espère qu'il sera rétabli des blessures qui ne l'ont pas épargné depuis 2018.

Au milieu de terrain, **Axel Witsel** est toujours le métronome de cette formation, pendant que **Kevin De Bruyne** en est le dynamiteur en chef. Le leader technique des *Diables Rouges* a de nouveau réalisé une saison époustouflante avec Manchester City, et est prêt à hisser son équipe sur le toit du monde.

Quart-de-finaliste en 2014, demi-finaliste en 2018, la Belgique espère, à l'occasion de ce Mondial qatari, devenir le 9e pays champion du monde différent de l'histoire, et rejoindre ainsi l'Uruguay, l'Italie, le Brésil, l'Allemagne, l'Angleterre, l'Argentine, la France et l'Espagne au panthéon des équipes de légende de la compétition reine du football mondial.

Sa défense vieillissante tiendra-t-elle le choc ? Son attaque aura-t-elle de la réussite ? La nouvelle génération de joueurs qui pointe le bout de son nez sera-t-elle le « facteur X » des *Diables Rouges* ? Ses meilleurs joueurs seront-ils épargnés par les blessures ?

Autant de questions auxquelles le sélectionneur espagnol **Roberto Martínez**, en place depuis 2016, espère répondre de manière appropriée. Avec son bilan très positif (plus de 70 % de victoires !), sûr de ses forces, le technicien de la sélection sait que ses meilleurs joueurs arriveront au Qatar au top de leur forme. La génération dorée a peut-être ici sa dernière chance de briller ensemble.

« L'union fait la force » est la devise de la Belgique. Si son équipe s'en inspire, elle sera difficile à battre au Qatar cet hiver !

GROUPE F

Croatie

4 millions d'habitants
Capitale : Zagreb
Confédération : Europe (UEFA)
Classement FIFA : 16
Couleurs : maillot et bas à damiers blancs et rouges, short blanc
Qualification : 1er du groupe H
Nombre de participations à la Coupe du monde : 6
Palmarès en Coupe du monde : finaliste (2018), 3e (1998)

Les matchs de la Croatie au 1er tour

23 NOVEMBRE - 11H00
MAROC – CROATIE

27 NOVEMBRE - 17H00
CROATIE – CANADA

1ER DÉCEMBRE - 16H00
CROATIE – BELGIQUE

Quel est donc ce diable de pays, l'un des moins peuplés de ce Mondial, capable d'atteindre une demi-finale seulement en 6 participations, et de produire quelques-uns des meilleurs joueurs du monde ? Oui, nous avons nommé la Croatie !

Si l'équipe aux damiers a eu un peu de mal à digérer son superbe parcours lors du Mondial russe, seulement battue 4-2 en finale contre la France après avoir pourtant dominé la première mi-temps, elle a su très vite se remobiliser auprès de ses joueurs cadres. Le sélectionneur **Zlatko Dalić** a fait confiance aux qualités de « sa » génération 2018, celle justement qu'il avait menée aux portes du titre mondial, pour la plus grande fierté du peuple croate, toujours aussi passionné de ballon rond. Le dernier match décisif des éliminatoires conclu par une victoire difficile contre la Russie (1-0) a de nouveau ouvert les portes du Mondial aux flamboyants *Vatreni*.

Il faut dire qu'avec des talents bruts comme le Ballon d'Or 2018 **Luka Modrić**, de nouveau champion d'Europe avec le Real Madrid et maître à jouer de cette équipe, **Ivan Perišić**, meilleur buteur actuel de la sélection, l'équipe croate a de la ressource ! Elle possède aussi **Andrej Kramarić** un excellent buteur qui fait aujourd'hui le bonheur du club allemand d'Hoffenheim.

Et c'est compter sans une nouvelle génération, comme la pépite du Stade Rennais **Lovro Majer**, version actualisée de **Luka Modrić**, ou le défenseur marseillais **Duje Ćaleta-Car**.

Si la Croatie arrive à bien intégrer ses nouveaux joueurs et composer sans ses anciennes vedettes **Mario Mandžukić** ou **Ivan Rakitić**, nul doute qu'elle sera encore capable de faire un excellent parcours !

Maroc

37 millions d'habitants
Capitale : Rabat
Confédération : Afrique (CAF)
Classement FIFA : 24
Couleurs : maillot et short verts, bas rouges
Qualification : barragiste victorieux de la zone Afrique, contre le Congo
Nombre de participations à la Coupe du monde : 6
Palmarès en Coupe du monde : 1/8e de finaliste (1986)

Les matchs du Maroc au 1er tour

23 NOVEMBRE - 11H00
MAROC – CROATIE

27 NOVEMBRE - 14H00
BELGIQUE – MAROC

1ER DÉCEMBRE - 16H00
CANADA – MAROC

C'est probablement l'équipe africaine la plus talentueuse du moment. À l'image de son festival offensif contre le Congo en match retour des barrages, et de cette nette victoire 4-1 dans ce match décisif, le Maroc se présente au Qatar avec pas mal de certitudes et de belles ambitions.

Son sélectionneur **Vahid Halilhodžić** ne fait pourtant pas l'unanimité au Maroc, où sa gestion des joueurs, jugée autoritaire par certains, ne passe pas toujours bien : un excellent élément comme **Hakim Ziyech** (Chelsea) reviendra-t-il avant la Coupe du monde sur sa décision de ne plus porter le maillot marocain tant que le technicien franco-bosnien sera aux manettes ? Rien n'est moins sûr.

En attendant, les *Lions de l'Atlas* ont une équipe qui a fière allure. Elle est constituée d'une belle mosaïque de joueurs, des éléments des meilleures formations européennes.

Le parisien **Achraf Hakimi** en est la figure de proue, ainsi que le capitaine **Romain Saïss** (Wolverhampton), toujours très utile en défense ou en milieu de terrain. Les joueurs du SCO d'Angers **Azzedine Ounahi**, est l'une des révélations de la fin des éliminatoires, et le virevoltant **Sofiane Boufal**, le deuxième meilleur dribbleur de Ligue 1 derrière un certain Kylian Mbappé.

Même si, comme en 2018, le Maroc n'a pas eu un tirage au sort facile, avec deux excellentes équipes européennes, les *Lions* ont montré en Russie qu'ils pouvaient tenir tête à ces formations. À eux de confirmer les espoirs placés en eux par un peuple passionné de football, et d'atteindre de nouveau le top 16 pour la première fois depuis 1986 !

Canada

38 millions d'habitants
Capitale : Ottawa
Confédération : Amérique du Nord, Centrale et Caraïbes (CONCACAF)
Classement FIFA : 38
Couleurs : maillot, short et bas rouges
Qualification : 1er du tour final de la zone CONCACAF
Nombre de participations à la Coupe du monde : 2
Palmarès en Coupe du monde : néant

Les matchs du Canada au 1er tour

23 NOVEMBRE - 20H00
BELGIQUE – CANADA

27 NOVEMBRE - 17H00
CROATIE – CANADA

1ER DÉCEMBRE - 16H00
CANADA – MAROC

36 ans, c'est la longue attente du football canadien pour enfin revoir la Coupe du monde. Après Mexico 1986, place au Qatar 2022 pour les *Canucks* ! De quoi faire oublier aux Canadiens, le temps de la compétition, leur grande passion, le hockey sur glace ?

Après une qualification plutôt facile (2 défaites seulement en 14 matchs), la meilleure attaque et la meilleure défense du continent nord-américain va pouvoir rivaliser avec les meilleures équipes mondiales.

Dans ce groupe compliqué, le Canada du sélectionneur **John Herdman** tâchera de faire bonne figure, de marquer à la fois son premier but et ses premiers points (3 défaites en 1986, dont une 1-0 contre la France) face au Maroc, à la Belgique ou à la Croatie.

Pour y parvenir, le Canada comptera essentiellement sur trois joueurs rompus aux difficiles championnats européens, **Alphonso Davies**, **Jonathan David** et **Cyle Larin**. **Alphonso Davies**, devenu en 2019 le premier Canadien à remporter la Ligue des champions, est probablement le plus talentueux d'entre eux. À seulement 21 ans, ce brillant ailier gauche sera un danger permanent pour les défenses adverses, et un très bon pourvoyeur de ballons à un joli duo d'attaque composé de **Jonathan David** (Lille) et de **Cyle Larin** (Besiktas), particulièrement inspiré pendant les éliminatoires.

Si le manque d'expérience au plus haut niveau pourrait se faire ressentir, le Canada compte sur l'enthousiasme de ses jeunes joueurs pour repartir du Qatar sans regrets, et avec le sentiment d'avoir porté haut le drapeau à la feuille d'érable.

Groupe G

GROUPE G

Comme tous les 4 ans à l'annonce du tirage au sort des groupes, quels que soient sa forme du moment et les joueurs mêmes qui composent cette équipe de légende, le Brésil est annoncé comme le favori logique de sa poule. Pour cette édition 2022, on ne déroge pas à la règle ! Oui, le Brésil est le grand favori de ce groupe où aucun de ses 3 adversaires ne semble en mesure de contester au géant d'Amérique du Sud (5 Coupes du monde dans sa vitrine de trophées) la 1re place et la voie royale jusqu'aux huitièmes de finale, et plus encore !

Hasard du tirage au sort, 3 des 4 équipes de ce groupe G étaient déjà dans le même groupe en 2018, et toutes les rencontres avaient été très serrées : le Brésil et la Suisse s'étaient alors qualifiés.

Derrière le Brésil quintuple champion du monde, la lutte pour la 2e place s'annonce très disputée, tant la valeur de la Suisse, de la Serbie et du Cameroun semble proche. La Suisse a montré lors de l'Euro 2020, en éliminant le favori français aux tirs au but, qu'il ne devait pas être sous-estimé et est de manière générale un adversaire coriace en Coupe du monde.

La Serbie semble un peu moins expérimentée mais se présente avec l'arsenal habituel des équipes slaves, avec une aisance technique conjuguée à une rigueur défensive qui pourraient surprendre.

Enfin, le Cameroun essaiera une nouvelle fois de renouer avec le passé glorieux des équipes des années 1980/1990 pour enfin passer la phase de groupes.

Cette équipe a montré beaucoup de caractère en éliminant l'Algérie en barrage de la zone Afrique mais elle devra encore élever son niveau de jeu pour devenir la première équipe, depuis le Ghana en 2010, à s'aventurer vers les huitièmes de finale.

Les matchs du groupe G

24 NOVEMBRE À 11H00 : SUISSE - CAMEROUN
24 NOVEMBRE À 20H00 : BRÉSIL - SERBIE
28 NOVEMBRE À 11H00 : CAMEROUN - SERBIE
28 NOVEMBRE À 17H00 : BRÉSIL - SUISSE
2 DÉCEMBRE À 20H00 : CAMEROUN - BRÉSIL
2 DÉCEMBRE À 20H00 : SERBIE - SUISSE

Classement final du groupe G :

1 ....

2 ....

3 ....

4 ....

Brésil

215 millions d'habitants
Capitale : Brasília
Confédération : Amérique du Sud (CONMEBOL)
Classement FIFA : 1
Couleurs : maillot or, short bleu et bas blancs
Qualification : 1er de la zone Amérique du Sud
Nombre de participations à la Coupe du monde : 22
Palmarès en Coupe du monde : vainqueur (1958, 1962, 1970, 1994 et 2002), finaliste (1950 et 1998), 3e place (1938 et 1978), 4e place (1974 et 2014), quart-de-finaliste (1954, 1986, 2006, 2010 et 2018), 1/8e de finaliste (1982 et 1990)

Les matchs du Brésil au 1er tour

24 NOVEMBRE - 20H00
BRÉSIL – SERBIE

28 NOVEMBRE - 17H00
BRÉSIL – SUISSE

2 DÉCEMBRE - 20H00
CAMEROUN – BRÉSIL

Le sélectionneur **Tite** mène depuis 2014 et le crash en direct du Brésil devant l'Allemagne en demi-finale de la Coupe du monde (7-1), une opération de sauvegarde et de refondation de l'équipe quintuple championne du monde.

Le bilan de Tite est doublement positif en termes de résultats, à l'image des derniers éliminatoires où les *Auriverdes* ont fini 1ers, invaincus (17 victoires et 3 nuls), meilleure attaque (40 buts) et meilleure défense (5 buts encaissés seulement) du continent sud-américain. Surtout, le Brésil a renoué avec les trophées en s'imposant lors de la Copa América 2019 organisée sur son sol, effaçant ainsi ses vieux démons et une disette de 12 ans, une éternité à l'échelle de ce grand pays de football.

Pour s'imposer de nouveau en Coupe du monde, Tite s'appuie sur un groupe de joueurs de confiance, auxquels il a ajouté quelques pépites que seul le Brésil est capable de générer. Tous ces joueurs sont rompus aux difficiles championnats européens.

Dans les buts, **Alisson** (Liverpool) est un gage de sécurité depuis de nombreuses années, pendant qu'en défense, Tite fait toujours confiance à **Thiago Silva** (Chelsea) et **Marquinhos** (PSG), auxquels **Dani Alves** (Barcelone), 39 ans mais toujours fringant, prête main-forte.

Au milieu de terrain, **Casemiro** (Real Madrid) est le verrou défensif de l'équipe, avec l'aide de **Fred** (Manchester United). Si le Brésil encaisse si peu de buts, c'est aussi grâce au travail inépuisable de ce duo pour gratter tous les ballons qui traînent.

Enfin, le Brésil est fidèle à sa réputation de joueurs offensifs au talent exceptionnel !

Neymar Junior disputera au Qatar sa 3e Coupe du monde, et le meilleur buteur de la *Seleção* entend bien marquer de son empreinte la reine des compétitions après quelques saisons mitigées au PSG : s'il est en pleine possession de ses moyens, **Neymar** pourra emmener très loin son équipe.

À ses côtés, le Lyonnais **Lucas Paqueta** sera un excellent point d'appui, tout comme **Bruno Guimarães** (Newcastle).

Enfin, l'émergence de jeunes joueurs comme **Vinícius** ou **Rodrygo**, tous deux auréolés du titre de champion d'Europe et auteurs d'une excellente saison 2021/2022 avec le Real Madrid, est une formidable nouvelle pour les seuls quintuples champions du monde, qui aimeraient bien prendre encore un peu d'avance sur leurs poursuivants italiens et surtout allemands (4 Coupes du monde) !

GROUPE G

Suisse

8 millions d'habitants
Capitale : Berne
Confédération : Europe (UEFA)
Classement FIFA : 14
Couleurs : maillot rouge, short et bas blancs
Qualification : 1er du groupe C de la zone Europe
Nombre de participations à la Coupe du monde : 12
Palmarès en Coupe du monde : quart-de-finaliste (1934 et 1954), 1/8e de finaliste (1938, 1994, 2006, 2014 et 2018)

Les matchs de la Suisse au 1er tour

24 NOVEMBRE - 11H00
SUISSE – CAMEROUN

28 NOVEMBRE - 17H00
BRÉSIL – SUISSE

2 DÉCEMBRE - 20H00
SERBIE – SUISSE

La Suisse est toujours une adversaire coriace au 1er tour d'une Coupe du monde. Régulièrement qualifiée depuis 2006, elle n'a perdu à ce stade de la compétition que 2 matchs sur 12, et elle a même tenu tête au Brésil en 2018 ! Mais c'est ensuite que cela se gâte pour les Helvètes, incapables dans le même temps de se hisser plus loin que les huitièmes de finale. Cela fait 68 ans que la Suisse ne s'est plus qualifiée pour les quarts de finale de la compétition.

Pour enfin briser ce plafond de verre, le jeune sélectionneur (et ancien joueur de la sélection) **Murat Yakın** peut compter sur un effectif solide et très soudé. Les Français se souviennent bien de la pugnacité suisse, capable de revenir au score et de s'imposer aux tirs au but lors du dernier Euro.

C'est sur cette solidarité que comptera encore la *Nati* pour obtenir l'une des deux places qualificatives pour les huitièmes de finale, une nouvelle fois.

Côté joueurs, **Haris Seferović** (Benfica) et **Breel Embolo** (Borussia Mönchengladbach) constituent un duo complémentaire sur le front de l'attaque suisse. En milieu de terrain, **Granit Xhaka** (Arsenal) et **Xherdan Shaqiri** (Chicago Fire, ex-Lyon) sont toujours de précieux atouts de leur sélection, aux côtés de **Remo Freuler** (Atalanta Bergame) ou de **Steven Zuber** (AEK Athènes).

Enfin, l'un des gros points forts de cette sélection se nomme **Yann Sommer**, dont ce sera la 3e Coupe du monde. Dans un bon jour, comme c'est souvent le cas, le gardien de but helvète peut faire basculer un match en la faveur des siens. Demandez aux joueurs français, ils s'en souviennent encore très bien depuis le dernier Euro !

Serbie

7 millions d'habitants
Capitale : Belgrade
Confédération : Europe (UEFA)
Classement FIFA : 14
Couleurs : maillot, short et bas rouges
Qualification : 1er du groupe A de la zone Europe
Nombre de participations à la Coupe du monde : 12 (avec la Yougoslavie)
Palmarès en Coupe du monde : demi-finaliste (1930 et 1966), quart-de-finaliste (1958, 1962 et 1990), 1/8e de finaliste (1974 et 1998)

Les matchs de la Serbie au 1er tour

24 NOVEMBRE - 20H00
BRÉSIL – SERBIE

28 NOVEMBRE - 11H00
CAMEROUN – SERBIE

2 DÉCEMBRE - 20H00
SERBIE – SUISSE

Il était l'un des joueurs les plus élégants de sa génération, et est désormais le sélectionneur de la Serbie : **Dragan Stojković** a insufflé une belle énergie à son équipe, lui permettant de devancer le Portugal dans le groupe A des éliminatoires et d'éviter la périlleuse case « barrages » de la compétition.

Pour nombre de joueurs serbes, cette Coupe du monde risque d'être leur dernière grande compétition internationale, à l'image des rudes défenseurs **Aleksandar Kolarov** (Inter Milan, 36 ans) et **Branislav Ivanović** (West Bromwich, 38 ans). Ces « anciens » de la sélection serbe sont bien entourés, avec des joueurs qui, dans la plus belle tradition serbe, allient technique et puissance.

Dans ce registre, l'attaquant et capitaine de l'Ajax Amsterdam **Dušan Tadić** est un bon exemple, ainsi que le meilleur buteur de la sélection serbe depuis un but contre le Portugal de Ronaldo en éliminatoires, le joueur de Fulham, remonté en Premier League cette saison, **Aleksandar Mitrović**.

Avec cette belle brochette de joueurs, la Serbie cherchera à atteindre enfin les huitièmes de finale, après deux éliminations au 1er tour lors de ses deux dernières participations.

Les Aigles serbes vont-ils pouvoir enfin décoller en Coupe du monde ?

GROUPE G

Cameroun

27 millions d'habitants
Capitale : Yaoundé
Confédération : Afrique (CAF)
Classement FIFA : 37
Couleurs : maillot vert, short rouge et bas jaunes
Qualification : barragiste victorieux de la zone Afrique, contre l'Algérie
Nombre de participations à la Coupe du monde : 8
Palmarès en Coupe du monde : quart-de-finaliste en 1990

Les matchs du Cameroun au 1er tour

24 NOVEMBRE - 11H00
SUISSE – CAMEROUN

28 NOVEMBRE - 11H00
CAMEROUN – SERBIE

2 DÉCEMBRE - 20H00
CAMEROUN – BRÉSIL

La présence du Cameroun et de leur magnifique tenue de football ravit toujours les amateurs de football. C'est le pays africain qui a participé au plus grand nombre de phases finales de Coupe du monde, et le seul, avec le Ghana et le Sénégal, à avoir atteint le stade des quarts de finale. C'est une vraie équipe de Coupe du monde qui, après avoir écarté l'Algérie après des barrages homériques, se rend au Qatar avec l'ambition de passer ce premier tour que les *Lions Indomptables* n'ont plus franchi depuis 32 ans.

Le sélectionneur **Rigobert Song** comptera sur son contingent de joueurs expatriés dans le monde entier pour bien figurer dans ce groupe : son attaquant vedette, **Vincent Aboubakar**, joueur à Al-Nassr, en Arabie saoudite, son compère d'attaque **Karl Toko-Ekambi** à Lyon, plus près de chez nous. Ces deux-là seront surveillés de près par les défenses adverses !

Le Cameroun retrouvera pour la 3e fois le Brésil à ce stade de la compétition, et essaiera enfin de marquer son premier point face à l'ogre sud-américain pour le 3e match de ce groupe G.

Les deux premières confrontations, si elles sont loin d'être gagnées d'avance, semblent plus dans les cordes des *Lions Indomptables*.

Passer ce premier tour, rêver d'un huitième de finale accessible contre l'une des équipes du groupe H (Portugal, Uruguay, Corée du Sud, Ghana), et enfin égaler dans la mémoire collective leurs glorieux aînés de 1990, voilà l'objectif du Cameroun !

GROUPE H

Groupe H

C'est probablement le groupe le plus indécis de cette 22e Coupe du monde. Difficile en effet de dire quel sera le classement final au soir du 2 décembre, et déterminer les deux équipes qui continueront l'aventure vers les huitièmes de finale.

Seule certitude, chaque match, chaque point, compteront très chers tant chaque équipe, dans un passé récent, a pu prouver qu'elle était capable de réaliser de grandes performances en Coupe du monde.

Paradoxalement, le Portugal, pourtant tête de série, n'a pas fait beaucoup mieux que les autres équipes du groupe en Coupe du monde. Si un beau titre obtenu en France lors de l'Euro 2016 a récompensé la carrière exceptionnelle de sa star Cristiano Ronaldo, le Portugal n'a plus atteint le dernier carré mondial depuis 16 ans : CR7 avait alors 21 ans, et était déjà de la partie !

L'Uruguay, la Corée du Sud et le Ghana ont tous atteint les huitièmes de finale ou les quarts de finale dans un passé récent, c'est dire la capacité de ces équipes à se surpasser en Coupe du monde. Clin d'œil du tirage au sort, la rencontre Ghana - Uruguay s'annonce explosive : en quarts de finale 2010, l'Uruguay avait battu l'équipe africaine aux tirs au but, après une polémique autour de Luis Suárez, qui avait arrêté un tir de la main dans les prolongations !

Les matchs du groupe H

24 NOVEMBRE À 14H00 :
URUGUAY - CORÉE DU SUD

24 NOVEMBRE À 17H00 : PORTUGAL - GHANA

28 NOVEMBRE À 14H00 : CORÉE DU SUD - GHANA

28 NOVEMBRE À 20H00 : PORTUGAL - URUGUAY

2 DÉCEMBRE À 16H00 : GHANA - URUGUAY

2 DÉCEMBRE À 16H00 :
CORÉE DU SUD - PORTUGAL

Classement final du groupe H :

1 ....

2 ....

3 ....

4 ....

Portugal

10 millions d'habitants
Capitale : Lisbonne
Confédération : Europe (UEFA)
Classement FIFA : 8
Couleurs : maillot, short et bas rouges
Qualification : barragiste victorieux de la zone Europe, contre la Turquie et la Macédoine du Nord
Nombre de participations à la Coupe du monde : 8
Palmarès en Coupe du monde : 3e place (1966), demi-finaliste (2006), huitième de finaliste (2018)

Les matchs du Portugal au 1er tour

24 NOVEMBRE - 17H00
PORTUGAL / GHANA

28 NOVEMBRE - 20H00
PORTUGAL / URUGUAY

2 DÉCEMBRE - 16H00
CORÉE DU SUD / PORTUGAL

Sur les 8 participations du Portugal en Coupe du monde, **Cristiano Ronaldo** en a joué… 5 ! C'est dire l'influence de ce joueur hors norme sur le football de son pays et l'empreinte qu'il va laisser. Car le quintuple Ballon d'Or jouera probablement sa dernière Coupe du monde au Qatar, et il entend bien partir sur un excellent résultat. Pourquoi pas comme en 2006 où, pour sa première participation, il avait atteint avec la *Seleção* les demi-finales, échouant à ce niveau contre la France de l'intouchable Zinédine Zidane.

Le meilleur buteur de l'histoire du Portugal (et des sélections nationales !) a enfin ouvert son palmarès avec son pays en conquérant le titre européen en 2016, puis la première Ligue des nations en 2019. Il aimerait désormais récidiver au niveau mondial.

Pas simple ! Le chemin des éliminatoires a été ardu, avec une 2e place derrière la Serbie dans son groupe de qualifications, synonyme d'un double barrage finalement victorieux contre la Turquie et la Macédoine du Nord (tombeur de l'Italie, que le Portugal se préparait à recevoir).

Le sélectionneur **Fernando Santos**, le plus titré du football lusitanien, s'appuie évidemment sur ses vieux briscards : Cristiano Ronaldo évidemment, qui est selon lui encore « le meilleur joueur du monde » à 37 ans, **Pepe** (Sporting Lisbonne), l'intraitable défenseur toujours aussi rugueux, malgré ses 39 ans, **João Moutinho** (Wolverhampton, 36 ans) et un **Rui Patrício** toujours aussi incisif à 34 ans, aussi bien en sélection qu'avec son club de l'AS Roma, avec qui il a remporté la Ligue Europa Conférence en 2022.

Le Portugal a un très beau réservoir d'excellents joueurs, souvent essentiels dans leurs clubs respectifs. C'est le cas par exemple de **Raphaël Guerreiro** (Borussia Dortmund, passé par Lorient), **William Carvalho** (Betis Séville), **Bernardo Silva** (Manchester City), ou **João Félix** (Atlético Madrid).

Expérience, talent(s), et Cristiano Ronaldo : le cocktail gagnant du Portugal est prêt à faire des étincelles au Qatar !

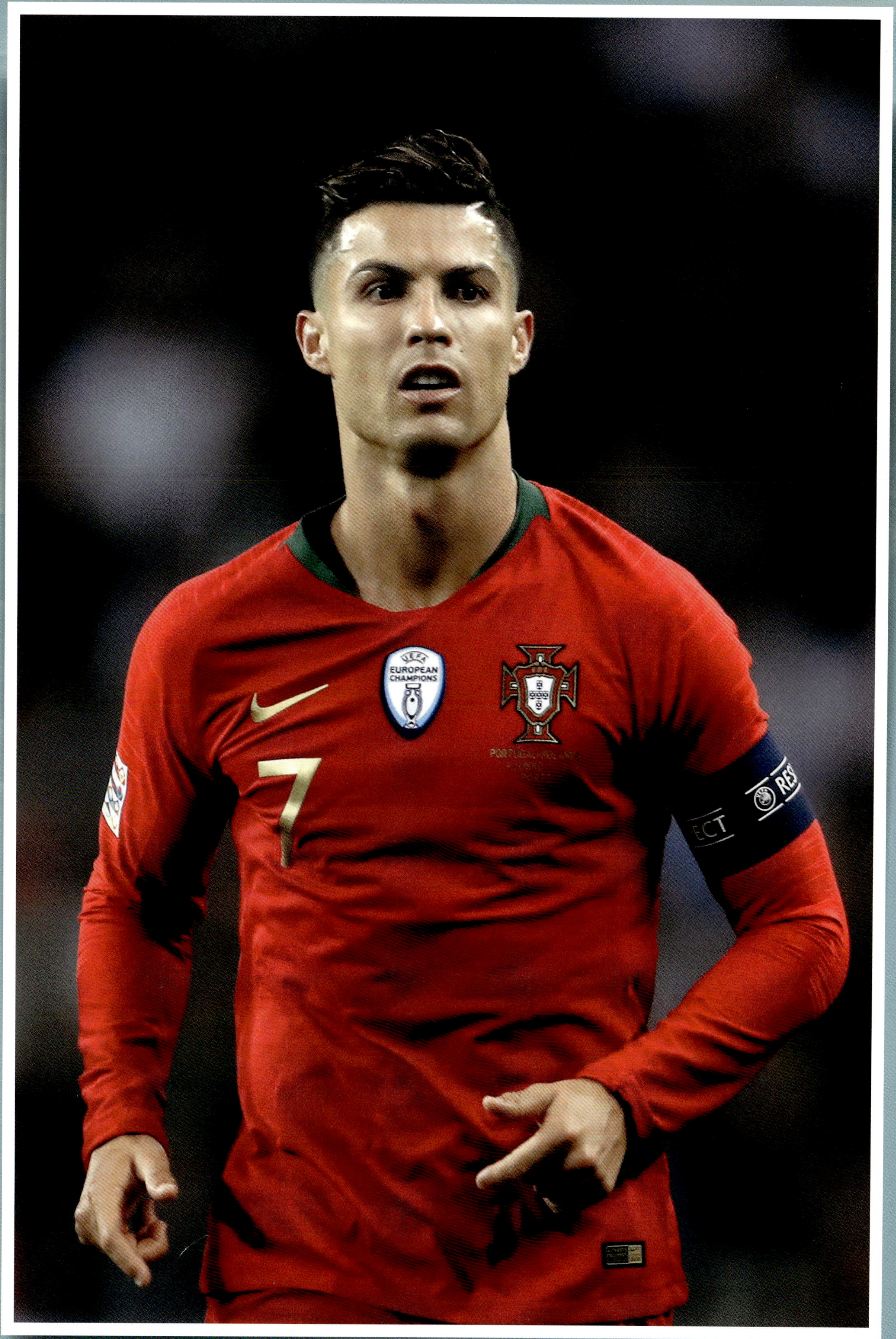
UEFA
EUROPEAN CHAMPIONS
7

Uruguay

3,4 millions d'habitants
Capitale : Montevideo
Confédération : Amérique du Sud (CONMEBOL)
Classement FIFA : 13
Couleurs : maillot ciel, short et bas noirs
Qualification : 3e du groupe Amérique du Sud
Nombre de participations à la Coupe du monde : 14
Palmarès en Coupe du monde : vainqueur (1930, 1950), demi-finaliste (1954, 1970, 2010), quart-de-finaliste (2018)

Les matchs de l'Uruguay au 1er tour

24 NOVEMBRE - 14H00
URUGUAY – CORÉE DU SUD

28 NOVEMBRE - 20H00
PORTUGAL – URUGUAY

2 DÉCEMBRE - 16H00
GHANA – URUGUAY

Premier organisateur, premier vainqueur, l'Uruguay a une histoire fusionnelle avec cette compétition depuis 1930. Et chaque édition de Coupe du monde à laquelle l'Uruguay participe est un véritable évènement dans ce petit pays d'un peu plus de 3 millions d'habitants coincé entre les deux géants argentins et brésiliens.

Cette particularité géographique a certainement contribué à la culture défensive de l'Uruguay, de la combativité de ses joueurs et de leur capacité à se transcender face aux plus forts que soi : c'est la *garra charrúa*. Cette année encore au Qatar, la *Celeste* jouera chaque match de ce groupe ouvert comme si l'avenir de la nation en dépendait !

Le sélectionneur uruguayen **Diego Alonso** sera le garant de cet état d'esprit sur le banc de touche, et les joueurs les plus capés de cette sélection seront ses relais sur le terrain.

Des joueurs emblématiques de l'Uruguay à plus de 100 sélections feront probablement leurs adieux à l'équipe après cette Coupe du monde. L'occasion pour eux de briller une dernière fois dans la compétition la plus populaire du monde.

Dans les buts, **Fernando Muslera** (Galatasaray) tentera de faire oublier son erreur d'il y a 4 ans, quand il avait laissé échapper le ballon flottant d'Antoine Griezmann en quarts de finale.

En défense, **Diego Godín** (Mineiro), **Maxi Pereira** (Peñarol) veillent toujours, pendant que **Cristian Rodríguez** (Peñarol) est toujours aussi combatif au milieu de terrain.

Enfin sur le front de l'attaque, le duo infernal **Luis Suárez/Edinson Cavani** (plus de 120 buts à eux deux en sélection) tentera de faire la différence, ce que ces deux joueurs exceptionnels sont capables de faire à tout moment !

Corée du Sud

Les matchs de la Corée du Sud au 1er tour

24 NOVEMBRE - 14H00
URUGUAY – CORÉE DU SUD

28 NOVEMBRE - 14H00
CORÉE DU SUD – GHANA

2 DÉCEMBRE - 16H00
CORÉE DU SUD – PORTUGAL

51 millions d'habitants
Capitale : Séoul
Confédération : Asie (AFC)
Classement FIFA : 29
Couleurs : maillot rouge, short bleu et bas rouges
Qualification : 2e du groupe A Asie
Nombre de participations à la Coupe du monde : 11
Palmarès en Coupe du monde : demi-finaliste (2002), 1/8e de finaliste (2010)

La Corée du Sud est devenue depuis 1986 une habituée de la Coupe du monde, présente à chaque fois à ce grand rendez-vous. Avec 11 participations consécutives, la Corée est le seul pays asiatique à faire preuve d'une telle régularité. Et des pays comme la France, les Pays-Bas ou l'Italie ne peuvent se vanter d'une telle régularité au plus haut niveau.

Le sélectionneur portugais **Paulo Bento** a donc continué à façonner la légende des *Guerriers Taeguk* en se qualifiant aisément, après des éliminatoires maîtrisées.

La Corée du Sud est une équipe respectée au plus haut niveau, et plus aucune équipe ne fait désormais l'erreur de la sous-estimer. Dans son histoire, elle a toujours su tirer le meilleur de ses joueurs, comme en 2002 quand *le Tigre d'Asie* atteignait le dernier carré mondial lors de sa Coupe du monde, co-organisée sur son sol, avec le Japon.

La grande vedette de cette sélection est l'attaquant **Son Heung-min**. Très régulier depuis de nombreuses saisons avec Tottenham, cet attaquant rapide et athlétique fait un malheur sur les terrains de la Premier League, et sur les terrains d'Asie avec sa sélection : c'est d'ailleurs le meilleur buteur en activité du onze coréen (plus de 30 buts). À 29 ans, cet attaquant aussi à l'aise des deux pieds rêve de marquer la Coupe du monde de son empreinte.

Dans un groupe à sa portée, la Corée du Sud et ses supporters enthousiastes qui feront le lointain déplacement au Qatar sont prêts à vibrer aux exploits de leur héros national.

Son, l'enfant de tout un pays, sait ce qui lui reste à faire !

Ghana

29 millions d'habitants
Capitale : Accra
Confédération : Afrique (CAF)
Classement FIFA : 60
Couleurs : maillot, short et bas blancs
Qualification :
barragiste victorieux de la zone Afrique, contre le Nigeria
Nombre de participations à la Coupe du monde : 4
Palmarès en Coupe du monde :
quart-de-finaliste (2010), 1/8e de finaliste (2006)

Les matchs du Ghana au 1er tour

24 NOVEMBRE - 17H00
PORTUGAL – GHANA

28 NOVEMBRE - 14H00
CORÉE DU SUD – GHANA

2 DÉCEMBRE - 16H00
GHANA – URUGUAY

Parmi les 32 équipes qualifiées pour cette 22e Coupe du monde, le Ghana a le plus mauvais classement FIFA : la 60e nation n'en demeure pas moins un adversaire dur à manœuvrer, comme le Nigeria a pu le constater à ses dépens lors des deux matchs de barrage décisifs pour la qualification au Qatar. 2 nuls et l'avantage du but marqué à l'extérieur ont suffi aux *Blacks Stars* pour se qualifier à leur 4e Coupe du monde, dont ils ont atteint les quarts de finale en 2010.

Leur adversaire s'appelait alors l'Uruguay, une équipe qu'ils retrouveront pour un nouveau match couperet, sur un air de revanche tant un profond sentiment d'injustice avait alors animé les Ghanéens. Luis Suárez avait utilisé la main pour arrêter un ballon qui filait vers le but, l'arbitre avait alors sifflé un pénalty que n'avait pas su transformer le Ghana, finalement éliminé ensuite aux tirs au but !

Le sélectionneur **Otto Addo** s'appuiera essentiellement sur le talent des **frères Ayew**. Les fils de la légende du Ghana et de l'Olympique de Marseille Abédi Pelé sont l'âme de cette équipe combative et opiniâtre, à défaut d'être toujours brillante.

Dans ce groupe assez ouvert, les principaux atouts du Ghana seront **Jordan Ayew** et son frère, le capitaine **André**, ainsi que le meilleur buteur de la sélection, **Asamoah Gyan**, 36 ans. Le joueur qui avait manqué le pénalty de la dernière minute contre l'Uruguay il y a 12 ans !

Petit Quiz

1. Quel est le seul joueur français à avoir marqué lors de deux finales de Coupe du monde ?

A. Michel Platini
B. Zinédine Zidane
C. Lilian Thuram

Réponse B.

2. Quel pays remporta la première Coupe du monde de l'histoire ?

A. L'Uruguay
B. Le Brésil
C. L'Italie

Réponse A.

3. Quel est le seul pays d'Asie à avoir déjà atteint les demi-finales de la Coupe du monde ?

A. Le Japon
B. L'Iran
C. La Corée du Sud

Réponse C.

4. Avec l'Espagne, quel est l'autre pays à avoir remporté une fois la Coupe du monde ?

A. L'Angleterre
B. Les Pays-Bas
C. L'Argentine

Réponse A.

5. Quel pays n'a jamais organisé la Coupe du monde ?

A. La Suisse
B. L'Afrique du Sud
C. Le Portugal

Réponse C.

6. Quel joueur fut le plus jeune vainqueur d'une Coupe du monde ?

A. Kylian Mbappé
B. Pelé
C. Diego Maradona

Réponse B.

7. Quel stade mythique a déjà accueilli deux finales de Coupes du monde ?

A. Wembley, à Londres (Angleterre)
B. L'Azteca, à Mexico City (Mexique)
C. Le Centenario à Montevideo (Uruguay)

Réponse B.

8. Quel est le seul pays à avoir remporté la Coupe du monde à 5 reprises ?

A. L'Italie
B. Le Brésil
C. L'Allemagne

Réponse B.

9. Quelle équipe a disputé 3 finales sans en emporter une seule ?

A. Les Pays-Bas
B. La Suède
C. La Croatie

Réponse A.

10. Combien d'équipes participeront à la Coupe du monde 2026 ?

A. 24
B. 36
C. 48

Réponse C.

Crédits photographiques

Couverture et page de titre : Lionel Messi : © Marcelo Endelli / Getty Images South America / Getty Images via AFP ; Kylian Mbappé : © ISABELLA BONOTTO / ANADOLU AGENCY / ANADOLU AGENCY VIA AFP ; Cristiano Ronaldo : © Octavio Passos / GETTY IMAGES EUROPE / Getty Images via AFP.

Pages d'intérieur, par ordre d'apparition : © FAUGERE FRANCK ; © Igor Kralj/PIXSELL/EXPA/PRESSE SPORTS ; © Markus Gilliar/GES/PICTURE ALLIANCE/PRESSE SPORTS ; © FAUGERE FRANCK ; © HERVIO JEAN MARIE ; © Maurice Van Steen/ANP SPORT/PRESSE SPORTS ; © moonrun (AdobeStock) ; © Igor Kralj/Pixsell/EXPA/PRESSE SPORTS ; © Yanniklab (AdobeStock) ; © Omar Zoheiry/DPA/PICTURE ALLIANCE/PRESSE SPORTS ; © 12ee12 (AdobeStock) ; © filipbjorkman (AdobeStock) ; © MARTIN RICHARD ; © VectorShop (AdobeStock) ; © Mark Leech/OFFSIDE/PRESSE SPORTS ; © AlexQ (AdobeStock) ; © Trevor Ruszkowski/USA TODAY SPORTS/PRESSE SPORTS ; © AI (AdobeStock) ; © Gabriel Piko/PIKO/PRESSE SPORTS ; © Cobalt (AdobeStock) ; © Geraint Nicholas/Focus/EXPA/PRESSE SPORTS ; © TarikGOK (AdobeStock) ; © Mark Leech/OFFSIDE/PRESSE SPORTS ; © AI (AdobeStock) ; © Mauricio Salas/JAMMEDIA/PRESSE SPORTS ; © CosmoShiva (AdobeStock) ; © Tomasz Jastrzebowski/FOTO OLIMPIK/PRESSE SPORTS ; © Mathias Weil (AdobeStock) ; © MARTIN RICHARD ; © Atlantis ; © FRANCK FIFE / AFP ; © slv (AdobeStock) ; © Simon Stacpoole/OFFSIDE/PRESSE SPORTS ; © VectorPart ; © Maurice Van Steen/ANP SPORT/PRESSE SPORTS ; © Tarik GOK (AdobeStock) ; © Atsushi Tokumaru/AFLO/PRESSE SPORTS ; © Tarik GOK (AdobeStock) ; © LAHALLE PIERRE ; © Tarik GOK (AdobeStock) ; © MAURICE VAN STEEN/ANP SPORT/PRESSE SPORTS ; © Tarik GOK (Adobe Stock) ; © Maurice Van Steen/ANP SPORT/PRESSE SPORTS ; © R. Gino Santa Maria (AdobeStock) ; © Marc Atkins/OFFSIDE/PRESSSE SPORTS ; © 12ee12 (AdobeStock) ; © Maurizio Borsari/AFLO/PRESSE SPORTS ; © kasheev (AdobeStock) ; © Luka Stanzl/Pixsell/EXPA/PRESSE SPORTS ; © Giordano Aita ; © Trevor Ruszkowski/USA TODAY SPORTS/PRESSE SPORTS ; © sommersby (AdobeStock) ; © Dan Hamilton/USA TODAY SPORTS/PRESSE SPORTS ; © grgroup (AdobeStock) ; © AFLO ; © aomvector (AdobeStock) ; © Claudio De Capitani/FRESHFOCUS/PRESSE SPORTS ; © stockdevil (AdobeStock) ; © Maurice Van Steen/ANP SPORT/PRESSE SPORTS ; © Yanniklab (AdobeStock) ; © Simon Stacpoole/OFFSIDE/PRESSE SPORTS ; © Regormark (AdobeStock) ; © Maurice Van Steen/ANP SPORT/PRESSE SPORTS ; © Speedfighter (AdobeStock) ; © Thiago Calili/AGIF/PRESSE SPORTS ; © sirius_star (AdobeStock) ; © Yohei Osada/AFLO/PRESSE SPORTS ; © Route66 (AdobeStock) ; © ATSUSHI TOKUMARU/AFLO/PRESSE SPORTS.